高等职业教育汽车营销与服务专业教材

汽车销售

赵创娟　唐照梅　主　编

彭珊珊　刘香君　杨泉芳　副主编

白　东　主　审

人民交通出版社股份有限公司
China Communications Press Co.,Ltd.

内 容 提 要

本书为高等职业教育汽车营销与服务专业教材,全书分为14个任务,主要内容包括:汽车产品基础知识、售前准备、潜在客户开发、展厅接待、需求分析、汽车产品介绍方法和技巧、试乘试驾、报价成交、新车交付、售后回访、二手车业务、汽车消费信贷业务、上牌落户服务、网络营销。

本书可作为职业院校汽车类专业的教学用书,也可作为汽车销售人员的培训教材。

图书在版编目(CIP)数据

汽车销售 / 赵创娟,唐照梅主编. —北京 :人民交通出版社股份有限公司,2019.11

ISBN 978-7-114-15834-6

Ⅰ.①汽… Ⅱ.①赵… ②唐… Ⅲ.①汽车—销售 Ⅳ.①F766

中国版本图书馆CIP数据核字(2019)第201716号

书　　名:汽车销售
著 作 者:赵创娟　唐照梅
责任编辑:张一梅
责任校对:赵媛媛
责任印制:张　凯
出版发行:人民交通出版社股份有限公司
地　　址:(100011)北京市朝阳区安定门外外馆斜街3号
网　　址:http://www.ccpress.com.cn
销售电话:(010)59757973
总 经 销:人民交通出版社股份有限公司发行部
经　　销:各地新华书店
印　　刷:北京虎彩文化传播有限公司
开　　本:787×1092　1/16
印　　张:10.75
字　　数:244千
版　　次:2019年11月　第1版
印　　次:2019年11月　第1次印刷
书　　号:ISBN 978-7-114-15834-6
定　　价:30.00元

前言
FOREWORD

随着我国进入新的发展阶段，经济结构调整和产业升级不断加快，各行各业对专业技能人才的需求越来越紧迫，职业教育的重要地位和作用凸显。作为职业教育的基地，职业院校应牢固树立新发展理念，服务建设现代化经济体系和实现更高质量更充分就业需要，对接科技发展趋势和市场需求，努力提升办学水平和提高人才培养质量。

云南交通运输职业学院（云南交通技师学院，以下简称"学院"）经过66年的发展，走出了一条符合职业教育规律的具有鲜明特色的发展之路。2017年，学院顺利完成世界银行贷款云南职业教育发展项目建设，编写了高等职业教育汽车营销与服务专业教材。

《汽车销售》属于本系列教材之一。在本教材编写过程中，作者认真总结了学院多年以来的专业建设经验，充分调研、对接行业实际需求，注意吸收国际职业教育课程开发先进理念，并深度结合汽车营销专业《人才需求调研分析报告》《岗位能力分析报告》《人才培养方案》《汽车销售课程标准》进行开发，形成了以下特色：

1. 本教材采用以任务为导向、基于工作过程的实训课程开发进行设计，在教学实训设计和实训教学实施过程中，将工作任务进行程序化分解，形成若干个教学活动，建立以工作任务过程为牵引的课程教学体系。

2. 任务全部来源于企业工作任务，教学针对性强。

3. 任务采用情景驱动，有助于提升学生学习兴趣。

4. 采用大量图表，记录实际工作过程，便于学生自检、互检实际操作过程中存在的问题，充分体现教学过程的开放性、职业性和实践性。

5. 突出"能力本位"设计，体现出对学生综合能力（方法能力、社会能力和专业能力）、职业可持续发展能力的关注和培养。

本书由云南交通运输职业学院（云南交通技师学院）赵创娟、唐照梅担任主编，彭珊珊、刘香君、杨泉芳担任副主编，白东担任主审。参加本教材具体编写工作的有：刘香君（编写任务一）、赵创娟（编写任务二、任务三）、马平平（编写任务四）、杨泉芳（编写任务五）、肖玉辉（编写任务六）、唐照梅（编写任务七）、刘允乾（编写任务八）、陈惠（编写任务九）、白东（编写任务十）、彭珊珊（编写任务十一至任务十四）。

在本书的编写过程中，云南省世行项目办陈永进、付铁峥、刘海君、云波、刘炜等专家学者以及相关企业技术专家给予了悉心指导和关心帮助，在此表示感谢！同时，也参考了许多国内出版的书籍、杂志，以及网络上的相关内容，在此也对这些作品的著译者表示感谢！

限于作者水平，书中难免有错漏之处，恳请广大读者提出宝贵建议，以便我们进一步修改和完善。

作　者

2019 年 6 月

目 录
CONTENTS

任务一　汽车产品基础知识

任务描述

小李被安排到某4S店的汽车销售岗位实习，上岗第一天，客户要求小李向他介绍展厅里的某款车。小李要完成基本的产品介绍，需要提前储备哪些方面的知识？

学习目标

1. 能够了解车辆主要技术参数；
2. 能够对照车型信息表，准确说出车辆外观、内部、安全及舒适性等配置的名称以及进行车辆部分配置的功能操作；
3. 能够对指定任意车辆的车型信息表进行配置差异的识别；
4. 能够对汽车产品基础知识产生学习兴趣。

建议课时

12课时

学习引导

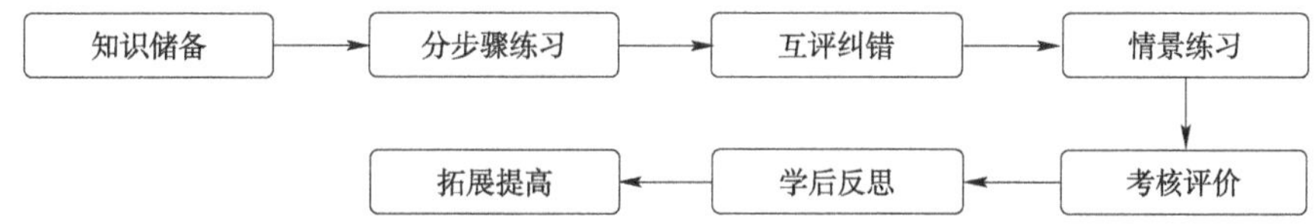

知识储备

车辆主要技术参数包括质量参数、尺寸参数和性能参数，常见的车辆技术参数见表1-1。

车辆主要技术参数表　　　表1-1

质量参数	尺寸参数	性能参数		
整备质量(kg)	车长/车宽/车高(mm)	发动机排量(L)	额定功率/转速[kW/(r/min)]	最高车速(km/h)
行李舱容积(L)		发动机类型	最大转矩/转速[N·m/(r/min)]	悬架系统
油箱容积(L)	轴距(mm)	变速器类型	90km/h等速油耗(L/100km)	制动系统

一、质量参数

(1)整备质量:车辆完全装备好(但不包括货物、驾驶员及乘客)的质量,除了包括发动机、底盘、车身和电器外,还包括燃料、润滑油、冷却液、随车工具、备胎等的质量。

(2)行李舱容积:行李舱容积用于标识行李舱的载物能力,一般用一个数值或范围值表示,单位为L。轿车一般常用一个数值表示,指不放倒后排座椅情况下的行李舱容量。

(3)油箱容积:油箱容积的大小可以用于衡量一款车所能承装油量的能力,单位为L。油箱容积决定了车辆的行驶里程,对于两辆发动机完全相同的车辆来说,油箱容积越大的车辆跑得越远。

二、尺寸参数

常见的车辆主要尺寸参数如图1-1所示。

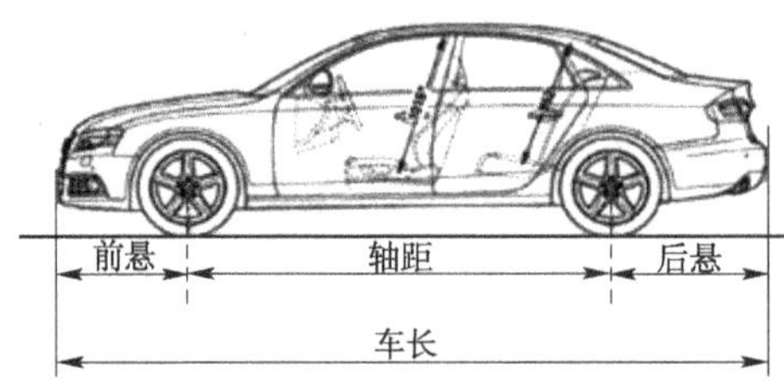

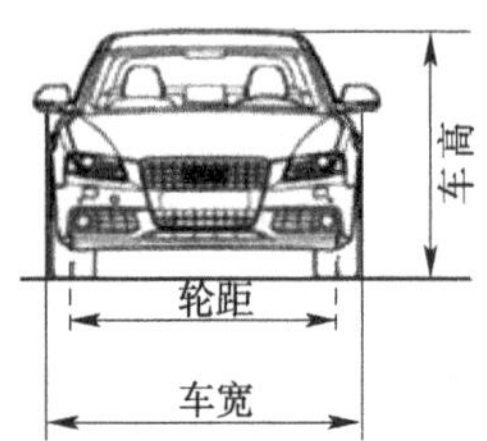

图1-1 常见的车辆主要尺寸参数示意图

(1)车长:车辆长度方向两极端点间的距离。

(2)车宽:车辆宽度方向两极端点间的距离(不包括外后视镜)。

(3)车高:车辆最高点至水平地面间的垂直距离。

(4)轴距:车辆前轴中心至后轴中心的距离。

(5)前悬:车辆最前端至前轮中心线间的距离。

(6)后悬:车辆最后端至后轮中心线间的距离。

三、性能参数

(1)发动机排量(L):指发动机各缸工作容积的总和,即单缸排量和缸数的乘积。汽缸工作容积则是指活塞从上止点到下止点所扫过的空间容积,又称为单缸排量,它取决于缸径和活塞行程。

(2)额定功率/转速[kW/(r/min)]:例如78/5750[kW/(r/min)]表示发动机转速达到5750r/min时能够输出的最大功率是78kW。功率是指物体在单位时间内所做的功。常用最大功率来描述车辆的动力性能,最大功率一般用千瓦(kW)来表示。

(3)最大转矩/转速[N·m/(r/min)]:例如142/4000[N·m/(r/min)]表示发动机转速达到4000r/min时能够达到的最大转矩是142 N·m。最大转矩是指发动机运转时从曲轴端输出的最大力矩。转矩越大,发动机输出的力越大,车辆的爬坡能力、起步速度和加速性也越好。

(4)90km/h等速油耗(L/100km):指车辆在风速、路面状况、车辆状况最佳、负载最小的情况下以 90km/h 的速度匀速行驶 100km 所用的油耗，通常用来衡量车辆的燃油经济性。

（5）最高车速（km/h）：在水平良好的路面（混凝土或沥青）上，车辆能达到的最高行驶车速。

（6）发动机类型：指动力装置的特征，如燃料类型、汽缸数量、排量等。常见的发动机类型见表 1-2。

常见发动机类型　　表 1-2

缸数类型	3 缸、4 缸、5 缸、6 缸、8 缸、10 缸、12 缸、16 缸			
排列方式	直列	水平对置	V 形	W 形
示例				
配置	双顶置凸轮轴、单顶置凸轮轴、涡轮增压技术、可变气门正时系统、电子节气门、缸内直喷发动机、燃油分层喷射发动机			

（7）变速器类型。常见的变速器类型见表 1-3。

常见的变速器类型　　表 1-3

变速器类型	示　例	工作原理及作用
手动变速器		驾驶员通过挡杆拨动变速器内的拨叉，由拨叉推动变速器内的 2 轴齿轮进行换挡
液力自动变速器		又称电控液力变速器，它通过传感器和开关监测汽车和发动机的运行状态以及节气门开度，将所获得的信息转换成电信号输入到电控单元。电控单元根据这些信号，确定换挡时机，输出换挡电信号，通过电磁阀控制液压控制装置的换挡阀，使其打开或关闭通往换挡离合器和制动器的油路，从而控制换挡时刻和挡位的变换，以实现自动变速
机械无级自动变速器		与液力自动变速器相比，机械无级自动变速器省去了复杂而又笨重的齿轮组合变速传动，而是由两组带轮进行变速传动。通过改变驱动轮与从动轮传动带的接触半径进行变速。由于取消了齿轮传动，因此其传动比可以随意变化，变速更加平顺，没有换挡的顿挫感

续上表

变速器类型	示　　例	工作原理及作用
电控机械 自动变速器		又称手自一体自动变速器，和液力自动变速器一样属于有级自动变速器。它在普通手动变速器的基础上，通过加装微电脑控制的电动装置，取代原来由人工操作完成的离合器的分离、接合及变速器的选挡、换挡动作，实现自动换挡
双离合器 变速器		又称直接换挡变速器。它有两组离合器，一个离合器对应奇数挡，另一个离合器对应偶数挡。当车辆挂入一个挡位时，另一个离合器及对应的下一个挡位已经位于预备状态，只要当前挡位分离就可以立刻接合下一个挡位。它的作用主要是保证汽车能平稳起步，变速换挡时减轻变速齿轮的冲击载荷，并防止传动系过载

(8)悬架系统：汽车的车架与车桥或车轮之间的一切传力连接装置的总称，是由车身与轮胎间的弹簧和减振器组成的整个支持系统。常见的悬架系统见表1-4。

常见的悬架系统　　表1-4

分　类	概　念	示　例	优缺点
拖曳臂式 半独立悬架	拖曳臂式半独立悬架是专为后轮而设计的悬架结构，它的构成非常简单，以上下摆动式拖臂实现车轮与车身或车架的硬性连接，并且通过横梁或支架连接两车轮，然后以液压减振器和螺旋弹簧充当软性连接，起到吸振和支撑车身的作用	代表车型：悦动、标致307、比亚迪F3、卡罗拉、桑塔纳等	优点：结构简单实用、占用空间小、制造成本低。 缺点：承载性能差、抗侧倾能力较弱、减振性能差、舒适性有限
扭力梁式 半独立悬架	扭力梁式半独立悬架通过一个平衡杆来使车轮产生倾斜，以保持车辆平稳。其工作原理是将非独立悬架的车轮装在一根整体车轴的两端，当一边车轮运转跳动时，就会影响另一侧车轮也作出相应的跳动，使整个车身产生振动或倾斜	代表车型：飞度、锋范、晶锐、朗逸、POLO、新宝来、乐风、科鲁兹、嘉年华等	优点：构造简单、承载力大。 缺点：平稳性与舒适性欠佳

续上表

分 类	概 念	示 例	优缺点
多连杆独立悬架	多连杆式独立悬架通过各种连杆配置把车轮与车身相连，而连杆数量在3根以上才称为多连杆，分为多连杆前悬架和多连杆后悬架系统。其中，前悬架一般为3连杆或4连杆式独立悬架；后悬架则一般为4连杆或5连杆式后悬架系统。5连杆式后悬架应用较为广泛	代表车型：君越、速腾、皇冠、锐志、华晨宝马3系、华晨宝马5系、马自达6等	优点：加速、制动平顺舒适、直线行驶稳定、操控性好。 缺点：结构复杂、成本高、占用后排空间
麦弗逊式独立悬架	麦弗逊式独立悬架由螺旋弹簧、减振器、三角形下摆臂组成，绝大部分车型还会加上横向稳定杆。它的车轮是沿着主销滑动的悬架，并且主销可以摆动	代表车型：悦动、朗逸、速腾、宝来、比亚迪F3、科鲁兹、明锐、思域、福克斯、轩逸等	优点：结构简单、占用空间小、过弯时可以自适应路面，有不错的舒适性。 缺点：由于采用直筒式构造方式，对左右方向的冲击缺乏阻挡力，抗制动点头作用较差，刚度与稳定性较差，过弯时侧倾明显

(9)制动系统：使汽车的行驶速度可以强制降低的一系列专门装置。一般汽车制动系至少包括两套各自独立的制动装置：一套是行车制动装置，主要用于汽车行驶中的减速和停车；另一套是驻车制动装置，主要用于停车后防止汽车滑溜。常见的制动装置见表1-5。

常见的制动装置 表1-5

常见的行车制动装置			常见的驻车制动装置	
分类		示例	分类	示例
鼓式制动器			传统提拉式制动器	
盘式制动器	实心盘式制动器		电子制动器	
	通风盘式制动器		脚踏式驻车制动系统	

(10)安全技术:汽车安全技术分为主动安全技术和被动安全技术。主动安全技术用于提高汽车回避事故的能力,常见的主动安全技术有车身动态电子稳定系统、防抱死制动系统、电子制动力分配系统、牵引力控制系统、倒车雷达、坡道起步辅助系统、胎压监测系统等。被动安全技术用于减轻事故发生后对人体的伤害,常见的被动安全技术见表1-6。

常见的被动安全技术　　表1-6

序　号	名　称	示　例
1	燃爆式/预紧式安全带	
2	安全气囊	
3	乘员头颈保护系统/ 主动式安全头枕	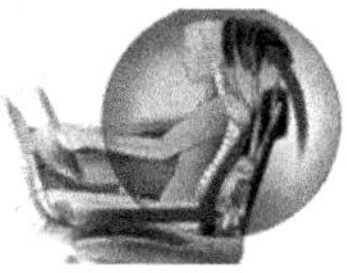
4	智能行人保护系统	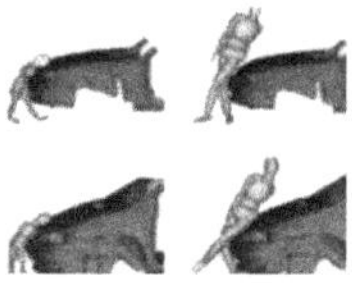
5	可溃缩式转向柱	
6	可溃缩式制动踏板	
7	侧门防撞杆	

续上表

序　号	名　称	示　例
8	高强度钢材车身	

(11)轮胎规格。轮胎型号标识大多形如:215/70R15,含义分别是:"215"表示胎面宽度,单位是mm,一般轮胎的宽度在145～285mm之间,间隔为10mm。"70"是扁平比,即轮胎胎壁高度和胎面宽度的比例,"70"代表70%,一般轮胎的扁平比在30%～80%之间,正常情况下,普通轿车不应使用扁平比大于75%的轮胎,豪华轿车和高性能跑车推荐采用扁平比小于60%的轮胎。"R"是英文Radial的缩写,表示轮胎为辐射层结构。"15"是轮辋的外径,单位是英寸(in)。有的轮胎标记形如6.00-12,这表明它不是子午线轮胎,而是斜交轮胎,这种轮胎在轿车上已很少见,由于它的安全性、负载能力和高速稳定性差,因而只应用于部分低档越野车和重型货车。

任务实施

活动1　车辆主要技术参数的识别

第一步　知识准备

(1)分别写出以下技术参数的定义,完成表1-7。

车辆主要技术参数定义　　表1-7

技术参数	定　义
整备质量	
轴距	
发动机排量	
96/(5000±200)(kW/r/min)	
155/(3750±200)(N·m/r/min)	

(2)通过查阅资料,完成表1-8。

常见发动机配置简写　　表1-8

配置	双顶置凸轮轴	单顶置凸轮轴	涡轮增压技术	可变气门正时系统	电子节气门	缸内直喷发动机	燃油分层喷射发动机
配置简写							
新技术补充							

(3)通过查找资料,分别写出至少三种轿车上常见的发动机类型和变速器类型,并列举代表车型,完成表1-9。

常见的发动机和变速器类型 表1-9

项目	类型	代表车型
发动机类型		
变速器类型		

(4)请写出现在轿车上常见的悬架系统的优缺点,完成表1-10。

常见的悬架系统优缺点 表1-10

悬架系统	前悬/后悬	独立/非独立	优缺点
麦弗逊式悬架			优点:
			缺点:
扭力梁式悬架			优点:
			缺点:
多连杆式悬架			优点:
			缺点:

(5)请写出表1-11所列轿车上常用行车制动系统的优缺点(用于前轮还是后轮请打"√"选择)。

常用行车制动系统的优缺点 表1-11

制动系统	前轮	后轮	优缺点
鼓式制动系统			优点:
			缺点:
实心盘式			优点:
			缺点:
通风盘式			优点:
			缺点:

(6)查阅资料,写出下列主动安全配置的简写并描述其作用,完成表1-12。

常见主动安全技术简写及作用 表1-12

名称	简写(不同品牌)	作用描述
车身动态电子稳定系统		
防抱死制动系统		
电子制动力分配系统		
牵引力控制系统		
紧急制动辅助系统		
坡道起步辅助系统		

续上表

名　　称	简写(不同品牌)	作 用 描 述
紧急制动提示		
定速巡航系统		
胎压监测系统		
倒车雷达		
自动泊车系统		
防炫目内后视镜		
其他主动安全技术		

(7) 描述以下被动安全配置的作用,并由小组成员之间相互检查,提出修改建议和意见,完成表1-13。

常见被动安全技术作用　　表1-13

名　　称	作 用 描 述	改 进 意 见
燃爆式/ 预紧式安全带		
安全气囊		
乘员头颈保护系统/ 主动式安全头枕		
智能行人保护系统		
可溃缩式转向柱		
可溃缩式制动踏板		
侧门防撞杆		
高强度钢材车身		

(8)根据给出的轮胎规格写出每组数字所表示的含义,完成表1-14。

轮 胎 规 格 含 义　　表1-14

轮胎规格	
“185”	
“65”	
“R”	
“14”	
“86”	
“H”	
常见的品牌轮胎 (至少三个品牌)	

第二步　任务实施

请按以下情景对客户介绍车辆主要技术参数,完成表1-15。

车辆主要技术参数介绍　　　　表1-15

情　景	销售顾问表达	改进意见
情景1:李先生比较关注展厅里某款搭载直列四缸涡轮增压缸内直喷发动机的车辆,请你向李先生详细介绍这款发动机		
情景2:刘先生很在意车辆的悬架系统,请你任意选择一款车,向刘先生介绍该款车的前后悬架		
情景3:张女士比较注重车辆安全性,请你选择一款车,从主动安全和被动安全两个方面向张女士进行介绍		

第三步　客户对上述情景介绍不满意的原因分析及补救对策

分析客户对上述情景介绍不满意的原因,并思考补救对策,完成表1-16。

不满意原因分析及补救对策　　　　表1-16

情　景	原因分析	补救对策
情景1:李先生很注重涡轮增压发动机的动力性,而你的介绍没能让他感到满意		
情景2:在对刘先生介绍悬架系统的过程中,他明显表现出不感兴趣		
情景3:张女士表示没有听懂你介绍的主动安全技术,被动安全技术又没什么特别的地方		

第四步　总结

活动2　汽车外观、内饰及部分功能认知

第一步　知识准备

(1)如图1-2所示,请根据对应序号写出各部位的正确名称。

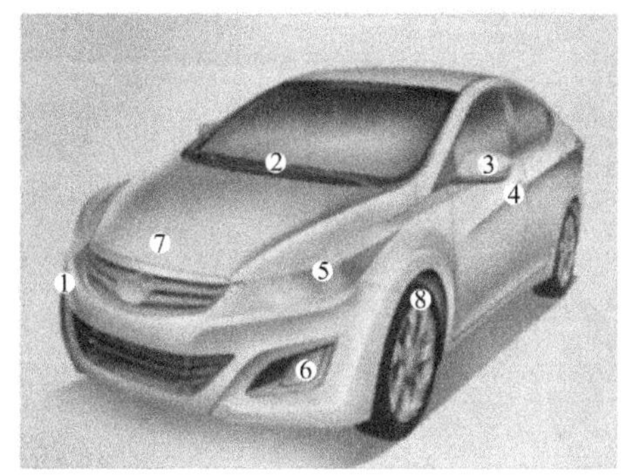

a)车辆左前外观

①___　②___　③___
④___　⑤___　⑥___
⑦___　⑧___

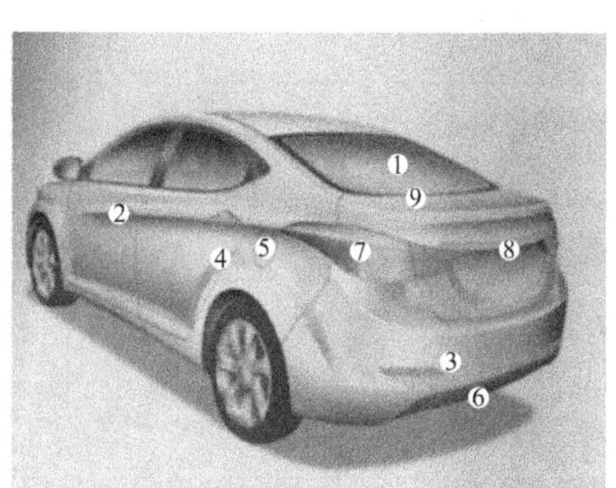

b)车辆左后外观

①___　②___　③___
④___　⑤___　⑥___
⑦___　⑧___　⑨___

图1-2　车辆外观示意图

(2)如图1-3所示,请根据对应序号写出各部位的正确名称。

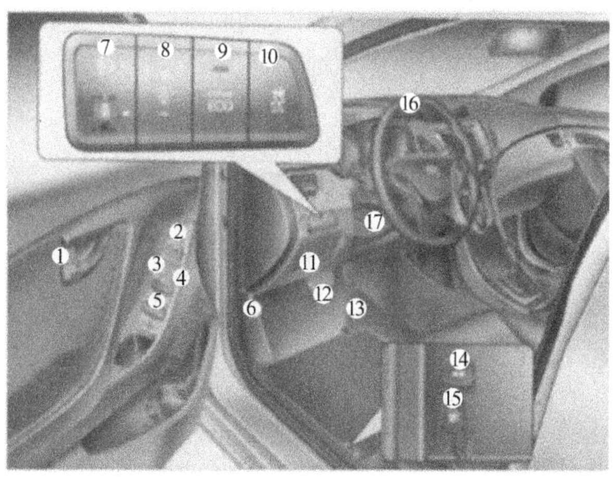

①___　②___　③___　④___　⑤___　⑥___　⑦___　⑧___　⑨___
⑩___　⑪___　⑫___　⑬___　⑭___　⑮___　⑯___　⑰___

图1-3　车辆内饰配置图

（3）完成表1-17所列车辆常见仪表指示灯和图标识别任务。

车辆常见仪表指示灯和图标含义　　表1-17

图　标	含　义	图　标	含　义

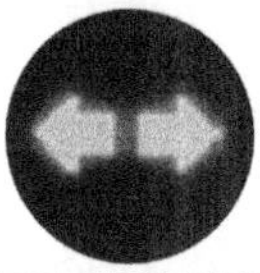			

		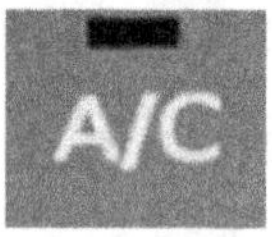	

第二步　任务实施

（1）请学生在便利贴上写出车辆外观、内部各组成部件名称，并贴在实训车辆相应位置上。

（2）请小组成员互相纠错，然后由教师进行指导和纠错。

（3）完成学习评价表（表 1-18）。

学 习 评 价 表　　　　表 1-18

<table>
<tr><td rowspan="2">学生表现</td><td colspan="6">优点：</td></tr>
<tr><td colspan="6">缺点：</td></tr>
<tr><td>外观识别正确率</td><td></td><td rowspan="2">考核人员意见</td><td>通过</td><td></td><td>重考</td><td></td></tr>
<tr><td>内部识别正确率</td><td></td><td>通过</td><td></td><td>重考</td><td></td></tr>
</table>

第三步　总结

活动 3　车辆配置差异识别

第一步　知识准备

对某车型从外观和内部配置两方面，根据车型信息表讨论该车型的配置差异并进行记录，完成表 1-19。

车型配置差异记录表　　　　表 1-19

<table>
<tr><td rowspan="2">品牌
车型</td><td rowspan="2">方　　位</td><td colspan="4">配 置 名 称</td></tr>
<tr><td></td><td></td><td></td><td></td></tr>
<tr><td rowspan="2"></td><td>外观</td><td rowspan="2"></td><td rowspan="2"></td><td rowspan="2"></td><td rowspan="2"></td></tr>
<tr><td>内部</td></tr>
</table>

第二步　任务实施

对该车型配置差异进行描述，完成表 1-20。

车型配置差异介绍　　　　表 1-20

车　　型	配置差异介绍	改进意见

第三步　总结

任务评价

1. 情景描述

情景1：刘先生比较关注车辆的安全性、舒适性和动力性，请你任选一款车型，从以上三方面向刘先生进行详细介绍。

情景2：请根据指定车型，准确地说出车辆外观、内室组成部件的名称和功能。

情景3：李女士是某公司白领，穿着时尚，刚拿到驾照不久，打算购买一辆15万元左右的汽车，请你任选一款车型，向李女士推荐适合的车型配置。

2. 评价

学习结束后，应及时对学习效果进行考核评价。为体现评价结果的有效性，评价采用自评、互评和教师评价相结合的方式，具体评价内容见表1-21。

学习评价表　　表1-21

考核内容	评价要点	分值	得　分
操作技能评定（80分）	能准确理解并说出车型信息表上的所有技术参数的定义	10	
	能根据不同的车型信息表进行指定技术参数的对比	5	
	能准确描述轿车上常见悬架系统的优缺点	5	
	能准确描述轿车上常用制动系统的优缺点	5	
	能区分轿车上常见发动机型式并进行简单介绍	5	
	能区分轿车上常见变速器型式并进行简单介绍	5	
	能准确说出车辆外观任意指定组成部件的名称	10	
	能准确说出车辆内饰任意指定组成部件的名称	10	
	能准确说出车辆仪表盘上各故障指示灯的名称和含义	10	
	能准确说出车辆内饰任意指定图标和按钮的含义	5	
	能独立规范完成车辆内饰任意指定配置的功能操作	5	
	能根据车型信息表独立完成配置差异的识别并进行表述	5	
综合素质评定（20分）	能积极参与团队合作	4	
	能按要求做到现场6S管理	4	
	任务完成综合情况	8	
	能严格遵守纪律	4	
合计			
学生互评	优点：		
	改进意见： 学生签名：		

续上表

<table>
<tr><td rowspan="2">教师评价</td><td>优点：</td></tr>
<tr><td>改进意见：

教师签名：</td></tr>
<tr><td rowspan="2">学生总结</td><td>优点：</td></tr>
<tr><td>改进意见：</td></tr>
</table>

拓展提高

查阅资料，选择自己喜欢的某款车，从以下方面进行详细了解，并与核心竞品车型进行对比，完成表 1-22。

竞品对比表　　表 1-22

对比内容		自己喜欢的某款车型	核心竞品车型
外观对比	优势		
	不足		
动力对比	优势		
	不足		
操控性对比	优势		
	不足		
品质对比	优势		
	不足		
安全性对比	优势		
	不足		
其他	优势		
	不足		

任务二　售前准备

任务描述

客户李先生在汽车之家上关注了某款车型,然后致电经销商了解到目前的优惠政策,销售顾问张某接听了电话,并邀李先生明天到店看车。如果你是销售顾问张某,思考将如何做好售前准备,以接待李先生。

学习目标

1. 能够说出销售准备的流程及各项操作规范;
2. 能够根据流程和操作规范独立完成展厅、展车和试乘试驾车的准备;
3. 能够在工作过程中严格执行公司仪容、仪表、仪态规范;
4. 能够形成反思总结的好习惯。

建议课时

10 课时

学习引导

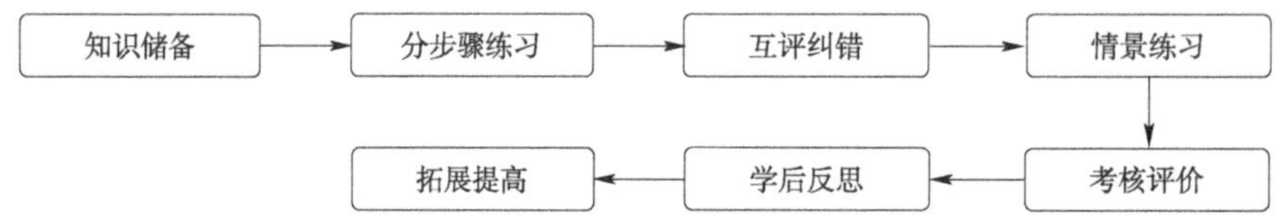

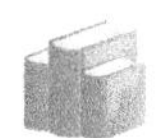

知识储备

一、销售准备的意义

俗话说:"磨刀不误砍柴工",前期的准备工作是相当重要的。做任何一件事情,如果前期的准备工作没有做好,就会直接影响做事的效率,同时会造成人力、物力和财力的浪费,进而影响后期工作的进度,以及最终的效率和结果。汽车销售工作也一样,汽车销售顾问应在客户到店之前做好充分的准备。用心的准备能给客户留下好的第一印象,使客户产生安全感和信任感,增强客户的购买信心,促成交易。充分的准备不但能展示品牌的实力,同时也能展现销售顾问的专业素养,并且有利于销售顾问建立销售信心,给客户正面的形象,提高客户满意度。

二、销售准备流程

销售准备流程如图 2-1 所示。

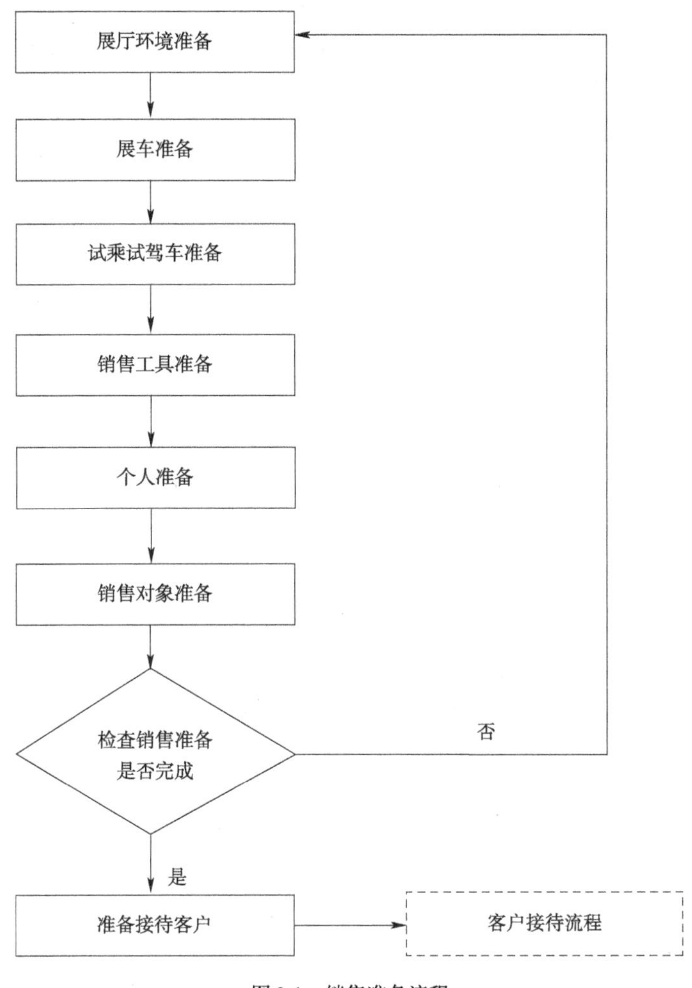

图 2-1 销售准备流程

三、销售准备的工作内容

(一)展厅环境的准备

销售开始前,销售顾问应先检查展厅环境是否符合要求,如果展厅中出现杂、乱、脏的现象,应该立即复原,维护展厅形象。同时要关注对展厅环境的营造,为客户提供舒适的购买环境,如图 2-2 所示。

(二)展车准备

展车展现的不仅是产品本身,而且也体现了品牌经营的实力。销售顾问应确保展车干净、整洁，按厂家要求布置，并熟悉所展示车辆的配置，以便向客户作介绍，如图 2-3 所示。

图 2-2　展厅展示

图 2-3　展车展示

(三)试乘试驾车辆准备

销售开始之前，销售顾问应先准备好试乘试驾车辆，保证车辆干净、整洁，证件齐全，并将试乘试驾相关的手续资料放在销售文件夹中，以备不时之需。此外，销售顾问还需要了解试乘试驾车辆的车型及配置，以便客户提出试乘试驾时能及时给予反馈。

(四)销售工具准备

在进行汽车销售时，合理地使用销售工具，可以使交易更加顺利。因此，销售顾问应该提前准备好常用的销售工具，以便在销售过程中能够更轻松地为客户服务，同时也体现出销售顾问的专业素养。

(五)个人准备

良好的个人形象和气质，能为客户留下好的第一印象，使客户产生信赖感。销售顾问个人准备包括服饰仪容、肢体语言、知识谈吐准备。大方自然、彬彬有礼的行为举止和不俗的专业知识谈吐需要在日常生活中慢慢积累。

(1)仪容、仪表规范。

修饰仪容的基本规则是美观、整洁、大方、典雅。销售顾问应做到外貌整洁、干净利落，给人仪表堂堂、精神焕发的印象，如图 2-4 所示。

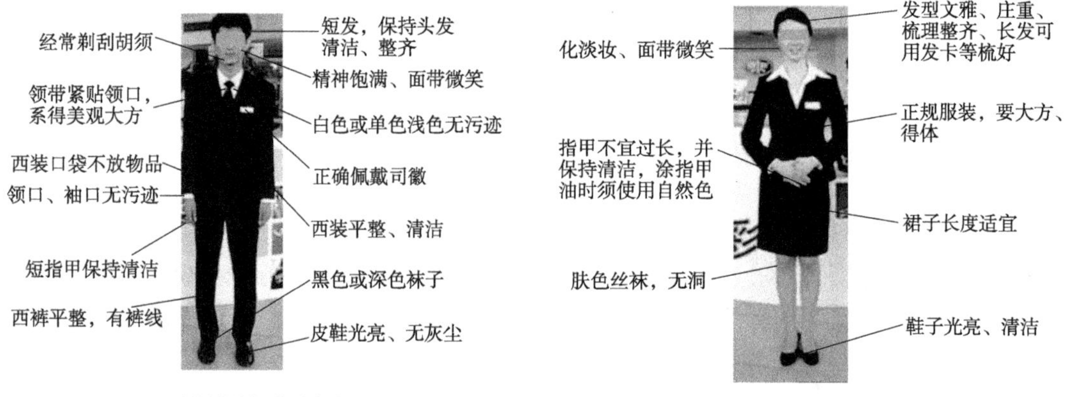

a) 男销售顾问仪容仪表　　b) 女销售顾问仪容仪表

图 2-4　销售顾问仪容仪表标准

(2)按照以下标准训练自己的仪态。

仪态是人在行为中的姿势和风度,是一种行为语言。从容潇洒的动作,给人以清新明快的感觉;端庄含蓄的行为,给人以沉稳的印象。销售顾问必须在训练中达到提高个人仪态的目的,尤其要注意站姿、坐姿、蹲姿、走姿、手势等,如图2-5所示。

站姿规范:

(1)抬头，眼睛平视，挺胸直腰，平肩，双臂自然下垂，收腹。

(2) 女士应双脚并拢，脚尖分呈V字形，双手合起，右手放在左手上，放在腹前。

(3) 男士应两脚分开，比肩略窄，身体重心放到两脚中间。站立时若空着手，可双交叉，左手放在右手上，置于皮带扣的位置。

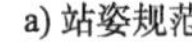

a) 站姿规范

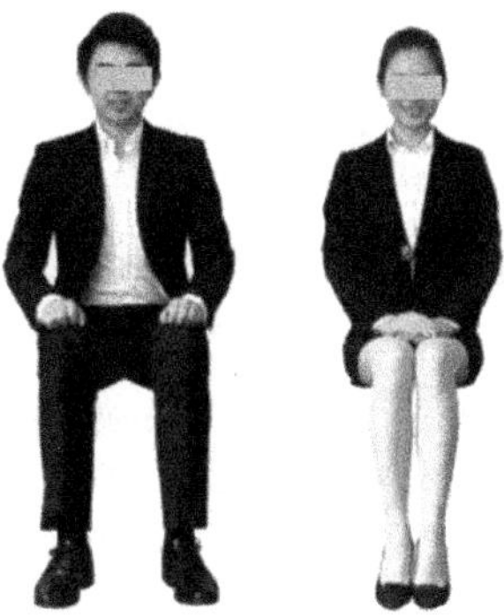

坐姿规范:

(1) 轻轻入座，只坐椅子的2/3,双膝自然并男士可略分开），女销售顾问穿裙时斜放或平直放，双手自然摆放在腿上。

(2) 胸部自然挺直，直腰收腹，肩平头正，目光平视。

(3) 与人交谈时，身体要与对方平视的角度保持一致，身体稍向前倾，表示尊重。

b) 坐姿规范

蹲姿规范:

(1) 下蹲时，右肢在前，全脚落地，左脚稍后，脚掌着地，后脚跟提起，左膝低于右膝，臀部向下。

(2) 女子下蹲时两腿要靠紧，男子两腿间可有适当间隙。

(3) 注意下蹲时，上身依然保持正直，左右脚可交换。

c) 蹲姿规范

走姿规范:

(1) 抬头挺胸。

(2) 手臂自然摆动，步伐轻盈。

(3) 充满自信。

d) 走姿规范

图2-5　礼仪规范

(六)销售对象的准备

汽车销售不是一蹴而就的工作,客户第一次进店就确认订单的情况比较少,大多数客户会在多家4S店徘徊。销售顾问应主动联系客户,并在接待客户之前整理出客户资料,以便在销售过程中及时应变,给客户留下好的印象。

四、销售准备工作操作要点及注意事项

销售准备工作操作要点及注意事项见表2-1。

销售准备工作操作要点及注意事项　　表2-1

工作内容	操作要点	注意事项
展厅环境准备	1.展厅形象维护 (1)展厅内、外墙面、玻璃墙等保持干净、整洁,应定期清洁; (2)展厅的地面、墙面、展台、灯具、空调器、视听设备等保持干净、整洁,墙面无乱贴的广告、海报等; (3)展厅内所有布置应使用品牌汽车公司提供的标准布置物或按品牌汽车公司标准布置	(1)销售准备是实现销售的基础和前提,销售顾问应用严谨的态度对待,不能敷衍了事; (2)准备工作不能仅仅流于形式,而是重在实施
	2.展厅环境营造 (1)展厅内保持适宜、舒适的温度; (2)展厅内的照明要求明亮、令人感觉舒适; (3)展厅内须有隐蔽式音响系统,在营业期间播放舒缓、优雅的轻音乐	
	3.展厅商品宣传资料准备 (1)展厅内摆设有斜立展示牌,斜立展示牌上整齐放满与展示车辆相对应的各种车型目录; (2)资料架中的产品宣传资料车型要齐全,及时检查补充,保证每种车型的宣传资料不少于20份; (3)横幅、背景板、X展架等宣传资料应保持整洁、无破损	注意及时补充资料
	4.展厅接待台 (1)展厅接待台规范、醒目; (2)接待台布置干净、整洁、有序; (3)在固定位置依次摆放销售顾问名片,辅助工具准备齐全、功能正常	
展车准备	1.展车外观准备 (1)有标明车型的前后牌; (2)展车应始终保持清洁; (3)车窗降下、天窗开启; (4)展车不得上锁,钥匙一律取下,集中于展厅值班主管处统一保管; (5)展车之间相对的空间位置和距离、展示面积等参照厂家《展示布置规范示意图》执行	展车准备好后,应在销售过程中随时检查并复原
	2.展车内部 (1)各项电器设施使用正常,时钟与音响预先设定; (2)展车脚垫采用专业脚垫; (3)发动机室内部可见部分、行李舱内部保持洁净,随车物品摆放整齐; (4)转向盘高度调整到合适的位置,座椅头枕调至最低位置	

续上表

工作内容	操作要点	注意事项
试乘试驾车准备	1. 车辆准备 确保试乘试驾车运行状态良好，进行必要的日常维护，确保车辆在最佳状态。车辆燃油充足，车内外保持干净、整洁，无破损	在做准备的时候应该充分考虑客户的需求，应根据不同客户的需求及客户的特点，准备相应的物品资料等，以备不时之需
	2. 文件资料准备 试驾车证、照、保险齐全，准备好试乘试驾路线图以及《试乘试驾须知》	
销售工具的准备	包括个人名片、笔(记号笔)、笔记本、公司简介、产品宣传单页、竞品资料、报价单、销售合同、保险、精品等销售资料。准备工具表格，包括展厅来电(来店)登记表、客户管理卡、营业日报表、客户级别月度管控表	这些资料一般都放在销售顾问的文件夹中，便于随时取用
个人准备	1. 素质技能的准备 (1)心态； (2)合理的知识结构； (3)职业技能	需长时间积累，拥有积极乐观的心态，会调节自我情绪
	2. 自我形象的准备 (1)销售顾问穿着公司统一的制服，保持整洁、合体，衬衫熨烫平整，领口、袖口保持清洁； (2)统一佩戴按品牌要求的工作牌； (3)头发要精心梳洗，发式严格遵照销售礼仪的要求； (4)手和指甲要保持清洁，修剪整齐； (5)皮鞋擦拭干净明亮，袜子颜色与衣服、肤色相协调； (6)女士化妆要自然淡雅，避免浓妆艳抹； (7)避免让人不悦的气味，包括体味、汗味和口臭	要按厂家标准执行，符合商务礼仪规范
工作对象的准备	1. 收集整理客户信息 (1)根据营销活动计划，收集销售线索，整理客户意向信息； (2)准备好客户管理卡、营业活动日报表，并拟定当日客户跟进计划。 2. 客户信息跟踪 (1)定期通过亲访、电话、短信、邮件等方式保持对保有客户的跟踪和维系； (2)有重点、有次序地发掘潜在客户，适时进行有效跟踪	在准备工作对象时要有计划、有条理

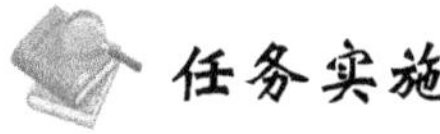

任务实施

活动1 展厅环境准备

第一步 知识准备

写出展厅准备的操作要点。

第二步　任务实施

(1)根据展厅准备的内容布置展厅,熟悉展厅准备的内容。

(2)检查展厅环境,写出详细的检查结果,完成表2-2。

展厅环境检查表　　表2-2

检查内容	检查结果	错漏补充
展厅维护及环境营造	例如:地面干净无杂物	
展厅商品宣传资料准备		
展厅接待台		

第三步　情景分析和处理对策

根据情景描述写出相应的处理对策,完成表2-3。

情境分析　　表2-3

情　　景	处理对策
情景1:雨后展厅内积了少量的水,张某是值班销售顾问,他认为关系不大就去做其他事情,导致客户鞋湿了,客户稍有不满	
情景2:销售顾问张某送走李先生后,未及时恢复展厅内的物品摆放顺序,就急忙接待下一位客户	

第四步　总结

活动2　展车准备

第一步　知识准备

完成表2-4操作要点的填写。

展车准备操作要点 表 2-4

准备内容	操作要点
展车外部准备	
展车内部准备	

第二步 任务实施

完成展厅车辆准备介绍,并将展示所用表达方式填写在表 2-5 中。

展车准备展示表达方式 表 2-5

内容	展示所用表达方式	错漏补充
展车准备		

第三步 总结

活动 3 试乘试驾车辆准备

第一步 知识准备

客户要进行试乘试驾,销售顾问应先准备好哪些资料?

第二步 任务实施

检查试乘试驾车辆及资料是否准备完好,并填写完成表 2-6。

试乘试驾车辆准备检查 表2-6

检查内容	检查结果	补充事项
车辆准备		
资料准备		

第三步 总结

活动4 销售工具准备

请认真思考销售工具包里应该准备哪些必备的工具,并将它们都选出来(用"✓"标记)。

个人名片　笔　产品宣传单页　竞品资料　报价单　销售合同

增值业务单　三表一卡　产品宣传单页　计算器　试乘试驾文件

上牌服务文件　软文剪辑　商务礼仪文件　咨询笔记本　手机

活动5 个人准备

请在图2-6线条所指部分写出相应的规范。

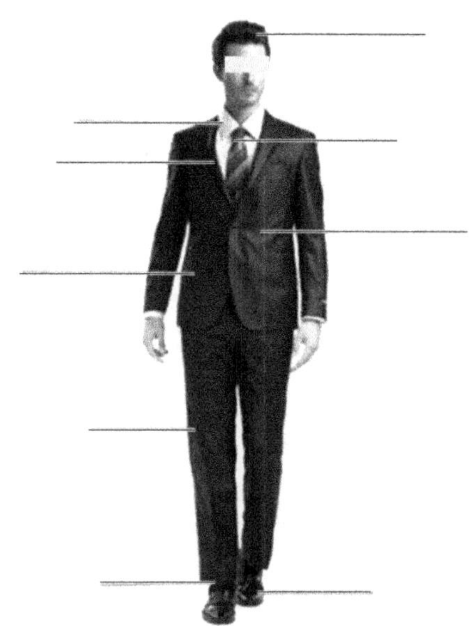

图2-6 仪容仪表规范

任务评价

1. 情景描述

情景1:今天是你第一天步入销售岗位,展厅经理要求你在一天内熟悉销售准备的内容。为得到好的评价,你已经请教了有经验的销售顾问,现在请展示你的准备成果。

情景2:客户李先生在汽车之家上关注了某款车型,然后致电经销商了解到目前的优惠政策,销售顾问张某接听了电话,并邀请李先生明天到店看车。如果你是销售顾问张某,思考将如何做好售前准备,以接待李先生。

2. 情景分析

根据情景进行销售准备练习,要求独立完成。

3. 评价

学习结束后,应及时对学习效果进行考核评价。为体现评价结果的有效性,评价采用自评、互评和教师评价相结合的方式,具体评价内容见表2-7。

学习评价表　　表2-7

考核内容	评价要点	分值	得　分
操作技能评定（80分）	销售展厅环境干净、整洁	6	
	展厅环境调节到位	4	
	展厅接待台干净、无杂物,并摆放好相关的宣传资料	5	
	车窗和天窗开启按品牌要求执行	4	
	车辆干净、整洁	6	
	展车的布置按厂家标准执行	8	
	展车内部保持清洁、无异味	6	
	车辆的座椅、转向盘等按品牌标准设置	5	
	车辆内部布置按标准执行	4	
	试乘试驾车辆车证、照、保险齐全	5	
	试乘试驾车辆干净、整洁,按展车标准执行	4	
	试乘试驾资料准备齐全	4	
	明确可售车型、车色、数量及公司的相关政策	4	
	安排相应的接待人员和销售顾问在岗	4	
	销售顾问仪容仪表符合规范	6	
	销售工具准备齐全	5	
综合素质评定（20分）	能积极参与团队合作	4	
	能按要求做到现场6S管理	4	
	任务完成综合情况	8	
	能严格遵守纪律	4	
合计			

续上表

学生互评	优点：
	改进意见： 学生签名：
教师评价	优点：
	改进意见： 教师签名：
学生总结	优点：
	改进意见：

拓展提高

查阅资料，写出 1～2 家不同汽车品牌的销售展厅布置标准。

任务三　潜在客户开发

任务描述

销售顾问小赵到某4S店实习已有2个月,但一直以来销售业绩不是很理想。由于该4S店的位置比较偏僻,到店的客户量比较少,眼看又快到月底了,规定的销量还未完成。你来帮小赵想想办法,如何才能使他完成销量任务?

学习目标

1. 能够说出潜在客户的定义以及寻找潜在客户的原则;
2. 能够运用潜在客户的判断原则,准确判断潜在客户;
3. 能够说出寻找潜在客户的途径,并能根据不同的情况采用适当的方式寻找潜在客户;
4. 能够对客户进行分级管理;
5. 能够进行有效合作,形成独立思考和认真观察的良好习惯。

建议课时

6课时

学习引导

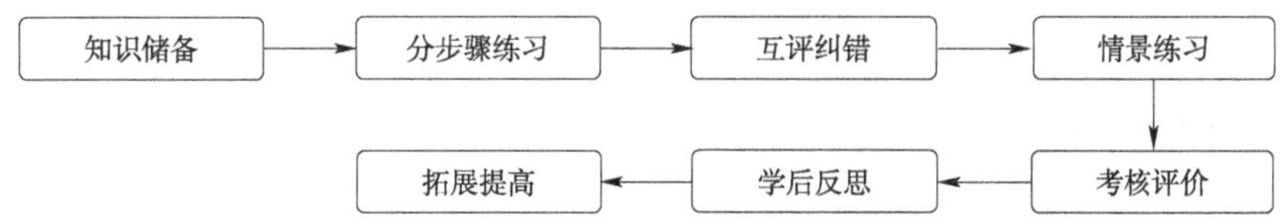

知识储备

一、潜在客户开发概述

(一)潜在客户的定义

所谓潜在客户,是指对某类产品(或服务)存在需求且具备购买能力的待开发客户,这类客户与企业存在销售合作机会。经过企业及销售人员的努力,可以把潜在客户转变为现实客户。把产品和服务销售给谁,谁有可能购买该产品,谁就是潜在客户,潜在客户具备"用得着"和"买得起"的两个基本要素,如图3-1所示。

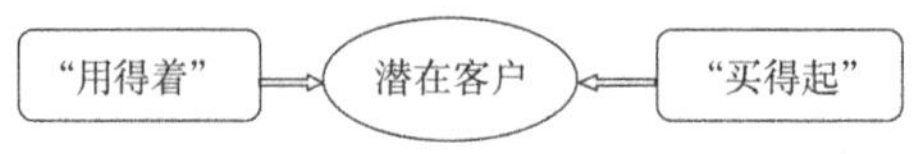

图3-1 潜在客户必须具备两个要素

(二)潜在客户开发的意义与目的

1. 潜在客户开发的意义

潜在客户开发是销售的第一步,在确定了市场区域后,就需要找到潜在客户,并同其取得联系。如果不知道潜在客户在哪里,该如何销售产品呢?实际上,销售就是开发潜在客户,再把潜在客户变为事实客户的过程。做好对潜在客户的开发,有利于销售顾问提升销售业绩。

2. 潜在客户开发的目的

(1)潜在客户开发的目的是发掘更多的客户资源,并将其转化成更多的意向客户。潜在客户的资料越丰富,就越有可能形成更多的意向客户,为提高销售量奠定基础。

(2)潜在客户是一种资源,在同一市场内各汽车品牌对这种资源的占有处于竞争形态,拥有更多的潜在客户就占有了竞争的先机。

(三)寻找潜在客户的原则

1. 寻找潜在客户的"MAN"原则

在"MAN"原则中,M代表"金钱"(Money),即所选择的对象必须有一定的购买能力;A代表购买"决定权"(Authority),即该对象对购买行为有决定、建议或反对的权利;N代表需求(Need),即该对象有这方面(产品、服务)的需求。

"MAN"原则含义见表3-1。

"MAN"原则含义 表3-1

购买能力	购买决定权	需求
M(有)	A(有)	N(有)
m(无)	a(无)	n(无)

2. "MAN"原则的具体对策

在寻找潜在客户的实际操作中,会碰到各种各样的情况。此时,应针对不同的情况采取相应的对策,详见表3-2。

"MAN"原则应用 表3-2

客户信息	相应处理对策
M+A+N	是有望客户,理想的销售对象
M+A+n	可以接触,配上熟练的销售技巧,有成功的希望
M+a+N	可以接触,并设法找到具有决定权的人
m+A+N	可以接触,需调查其业务状况、信用条件等给予融资
m+a+N	可以接触,应长期观察、培养,使之具备另一条件

续上表

客户信息	相应处理对策
m+A+n	可以接触，应长期观察、培养，使之具备另一条件
M+a+n	可以接触，应长期观察、培养，使之具备另一条件
m+a+n	非客户，停止接触

由此可见，潜在客户在有时欠缺了某一条件（如购买力、需求或购买决定权）的情况下，仍然可以开发，只要应用适当的策略，便可能使其成为公司的新客户。

二、潜在客户开发的流程

潜在客户开发流程如图3-2所示。

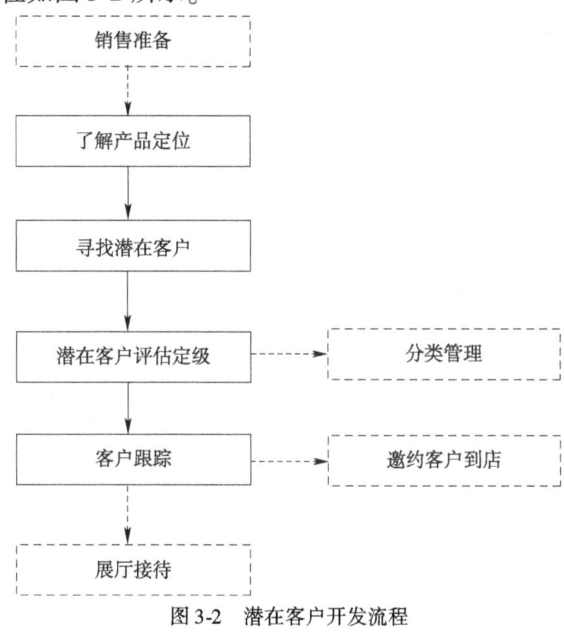

图3-2　潜在客户开发流程

三、潜在客户开发的主要内容

（一）了解产品定位

客户在哪里，是4S店乃至每一个销售顾问所面临的一个非常重要的问题。根据产品的特征来锁定客户群体，是我们在寻找客户之前首先要做的事情。因此，在寻找潜在客户之前，销售顾问应先了解自己的产品及产品定位、产品面向的客户群的特征，这样才能有效地找到潜在客户，减少客户开发的盲目性。

一般情况下，不同的产品特性针对不同的客户群。所以，销售顾问要了解自己所销售的汽车产品属于哪一个档次，是高端车，中端车，还是经济型车；汽车的排量是大排量，中排量，还是小排量；是商用，还是乘用；产品适用于哪些人群等。只有在开发客户之前明确这些问题，销售顾问才能有目标地去寻找和开发客户，降低潜在客户开发的成本。

（二）寻找潜在客户

潜在客户开发中最重要的环节之一就是找到客户。客户是销售经营活动得以维持的根本保证,在这个"客户经济时代",客户资源成为企业最重要的资源之一,因此找到客户是销售成功的开始。寻找潜在客户的方式有多种,例如逐户访问、广告寻找、连锁介绍、查询资料、名人介绍等方法,各种方式都有其利弊,在运用时要注意针对不同的人群,选择合适的方式,才能有效地达到目的。

(三)潜在客户评估定级

销售顾问应根据客户的购买时间和购买意向,建立客户信息,将客户进行分级管理,以便确定后续的跟踪周期及频率。客户分级标准见表3-3。

客户分级标准 表3-3

级别	判别基准	购买周期	跟踪频率
O级(订单)	(1)购买合同已签; (2)全款已付但未提车; (3)已收定金	预收定金	至少每周一次
H级	(1)车型以及车颜色已选定; (2)已提供付款方式及交车日期; (3)分期手续进行中	7日内成交	1~2日一次
A级	(1)已谈判购车条件; (2)购车时间已确定; (3)选定下次商谈日期; (4)再度来看展示车	7日至1个月内成交	每周一次
B级	(1)正在决定拟购车种; (2)对选择车种犹豫不决; (3)经判定有购车条件	1~3个月成交	每2周一次
C级	购车时间模糊		每月一次

注:不同品牌分级方式不同,代码也会有所不同,以上客户分级仅供参考

(四)客户跟踪管理

客户跟踪需要有系统、有重点、有次序地进行。适时为客户提供帮助,在合适的时机接触客户,才能提高工作效率和最终成交率。需要特别提醒的是,不要遗忘对重要客户的追踪。

四、潜在客户开发工作操作要点及注意事项

潜在客户开发工作操作要点及注意事项见表3-4。

潜在客户开发工作操作要点及注意事项 表3-4

工作内容	操作要点	注意事项
了解产品定位	(1)熟悉自己产品的市场定位; (2)熟悉产品锁定客户群体; (3)掌握产品所面对的客户群体的特点	了解产品定位是销售的基础,不可敷衍

续上表

工作内容	操作要点	注意事项
寻找潜在客户	(1)做好客户开发前的准备:要详细了解和熟悉产品的品牌、车型、技术参数、配置等;要熟悉本公司对这个汽车产品销售的政策、条件和方式;要了解与竞争对手的产品差异性; (2)掌握寻找潜在客户的方法,针对不同客户采取不同措施,要善于变通; (3)制定客户开发方案:明确各个要素,包括对象、方式、内容、时间、地点;要有耐心和坚定的毅力	需有计划、有准备地进行,注意在时间、地点、谈话内容的选择上要能拉近与客户之间的距离
潜在客户评估定级	(1)明确客户分级标准; (2)根据客户的言行及客户给出的信息对客户进行评估定级; (3)填写相关表格,记录客户信息,并整理分类,以便后续跟踪; (4)潜在客户的资料要经常更新、定期盘点,确保资料的正确性	客户信息的收集对于客户开发非常重要,因此客户信息要尽可能详细
客户跟踪	潜在客户的跟踪是有周期性的,不同阶段要有不同的维系方式,主要是以关怀和提醒为目的	客户跟踪需要持久的耐力和技巧

任务实施

活动1　了解产品定位

第一步　知识准备

查阅资料,写出表3-5中所列3个车型的产品定位和客户群特征,并分享给其他同学。

产品定位　表3-5

车型	产品定位	客户定位
奥迪Q5L		
大众CC		
本田飞度		

第二步　任务实施

对表3-6中出现的情景进行原因分析并提出处理对策。

情景分析　表3-6

情景	原因分析	处理对策
小李第一次参加车展,见到看车的客户就开始讲解,两天后小李发现自己明明很热情但是业绩没有明显的提升,成交量也很少。他很苦恼,请你帮帮他		

第三步　总结

活动2　寻找潜在客户

第一步　知识准备

寻找潜在客户的途径有哪些？你认为哪一种途径比较好？为什么？

第二步　任务实施

针对不同的情景，请写出寻找潜在客户的实施方案及相应的改进意见，完成表3-7。

寻找客户的途径　表3-7

情　景	实施方案	改进意见
情景1：在认识的人中寻找潜在客户		
情景2：在车展中寻找潜在客户		
情景3：从周围的陌生人中寻找潜在客户		
情景4：借助基盘客户的潜在客户资料		

第三步　情景分析及处理对策

1. 情景描述

情景1：小李想从老客户张先生处获得其好友的购车信息，但却遭到拒绝。

情景2：张某在公司网站上关注到有客户留下看车的信息，打电话邀约客户到店看车，客户要求其在电话中详细介绍产品，如果你是张某打算如何应对？

2. 情景分析

针对上述2个场景，编写相应的表达填写在表3-8中，小组成员间相互练习并互相纠错。

情景分析　　表3-8

情　景	客户期望	处理对策	话　术
情景1			
情景2			

第四步　总结

活动3　潜在客户分级

根据以下情景对客户进行分级,完成表3-9。

情景1:张女士到店后对产品非常感兴趣,并进行了试乘试驾,对价格也进行了详细的了解,但需要和爱人再商量之后再作决定。

情景2:李先生第一次到店,对产品不是很了解,是看了公司的活动宣传后进店看看,如果合适就会订车。

情景3:吴先生是名医生,工作已有两年,现在打算买辆代步车。他第一次到店,对产品已有简单了解。

客户分级案例分析　　表3-9

情　景	客户分级	跟踪频率	客户跟踪方案
情景1			
情景2			
情景3			

任务评价

1.情景描述

情景1:某公司要采购一批新车,销售顾问张某得知该公司的老总正是老客户李先生的朋友,张某想通过李先生获得客户信息。

情景2:从连锁介绍中寻找潜在客户。

情景3:李先生是一位IT业职员,从汽车之家上搜索到某4S店的销售热线,并拨打了电话,通过电话希望了解到车型配置和价格信息,但目前没有明确的购车意向。

2. 情景分析

针对上述3个情景,编写表达方式进行练习,完成表3-10。

情景分析 表3-10

情景	客户期望	销售顾问表达
情景1		
情景2		
情景3		

3. 评价

学习结束后,应及时对学习效果进行考核评价。为体现评价结果的有效性,评价采用自评、互评和教师评价相结合的方式,具体评价内容见表3-11。

学习评价表 表3-11

考核内容	评价要点	分值	得分
操作技能评定(80分)	了解对产品的定位,并能进行解说	10	
	熟悉产品知识	10	
	熟悉本产品与竞品之间的差别	10	
	针对情景方案设计的可行性	10	
	沟通过程中的应变能力	15	
	沟通礼仪	10	
	整理客户信息,并对客户分级,标注跟踪时间	15	
综合素质评定(20分)	能积极参与团队合作	4	
	能按要求做到现场6S管理	4	
	任务完成综合情况	8	
	能严格遵守纪律	4	
合计			

续上表

<table>
<tr><td rowspan="2">学生互评</td><td>优点：</td></tr>
<tr><td>改进意见：
学生签名：</td></tr>
<tr><td rowspan="2">教师评价</td><td>优点：</td></tr>
<tr><td>改进意见：
教师签名：</td></tr>
<tr><td rowspan="2">学生总结</td><td>优点：</td></tr>
<tr><td>改进意见：</td></tr>
</table>

拓展提高

互联网在人们的生活中扮演着越来越重要的角色,思考我们可以通过互联网的哪些方式找到潜在客户？

任务四　展 厅 接 待

任务描述

文先生,35 岁,是某公司高级白领,时尚健谈,喜欢自驾游,最近想购置一辆 30 万元左右的 SUV,一直关注网络及报纸上相关信息。作为该 4S 店的销售顾问,你该如何接待文先生?

学习目标

1. 能够列举汽车展厅接待环节的准备工作;
2. 能够说出展厅接待流程及电话接听标准;
3. 能够运用所学知识完成展厅接待环节的工作;
4. 能够主动进行沟通表达,具有良好的团队合作意识。

建议课时

12 课时

学习引导

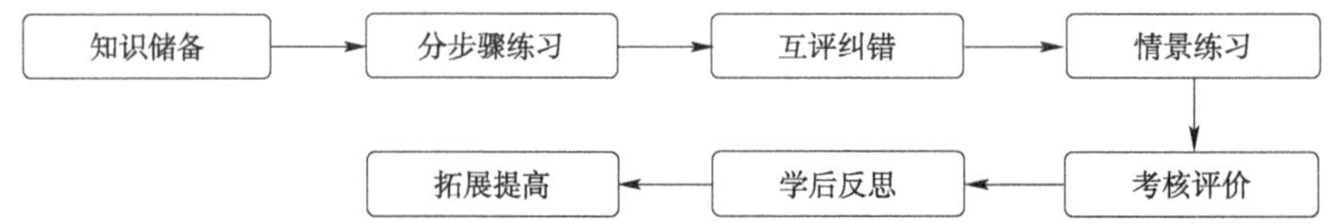

知识储备

一、客户接待的意义

(一)明确客户来展厅的目的

客户来展厅的目的一般有如下几种:

(1)介绍自己的需要;

(2)更好地了解公司的产品和服务;

(3)获得所关心问题的回复。

(二)顾客接待的两种情况

一般情况下,客户接待有如下两类:

(1)客户来店接待;
(2)客户来电接听。

二、客户接待流程

客户接待流程如图4-1所示。

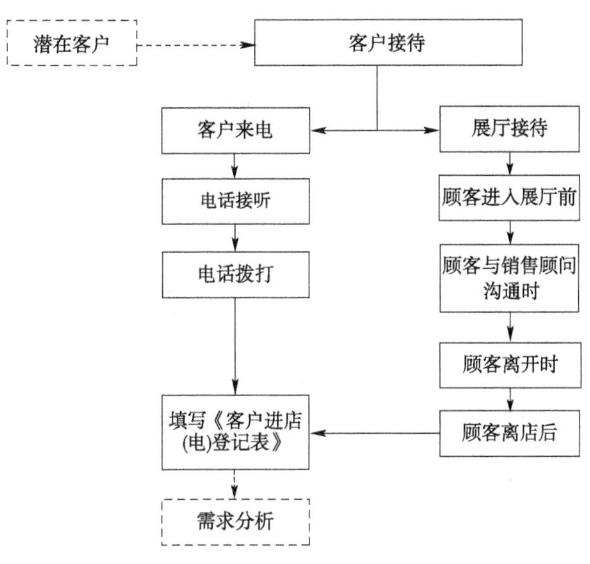

图4-1 客户接待流程

三、展厅接待工作内容

(一)电话接待

1. 电话接听礼仪

接听客户电话时,应注意如下礼仪:
(1)要在一定的时间内接听电话,即电话铃响三声之内迅速准确接听。
(2)保持喜悦的心情、清晰的声音和热情的语调;
(3)接听电话时一手握住听筒,一手记录,始终保持微笑;
(4)使用规范的接听用语,在通话中保持谦和礼貌。

2. 代接电话礼仪

代接电话时,应做到如下三点:
(1)以礼相待,妥善处理;
(2)尊重隐私,适当回避;
(3)准确记录,及时传达。

(二)展厅接待

对客户的展厅接待流程如图4-2所示。

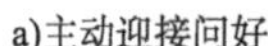
a)主动迎接问好

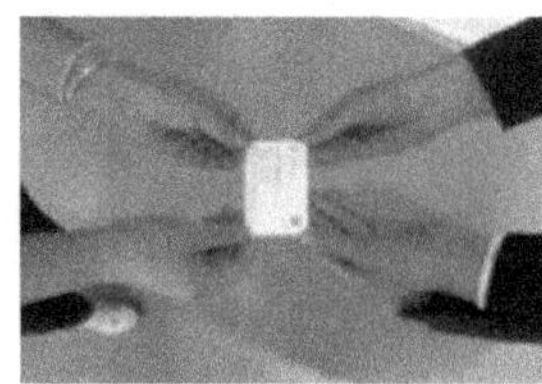
b)正确递名片

c)递交产品资料

d)为顾客提供饮品

e)目送顾客离开

图 4-2　展厅接待流程

1. 客户进入展厅时

(1)销售顾问主动上前迎接并问好。

(2)主动与客户握手并递上名片,询问客户来店目的。

①客户表示来找人:为客户指引方向;

②客户表示来做维护:引导客户到售后区,并为客户介绍服务顾问;

③客户表示要看车:为客户做新车推荐。

(3)引导客户到洽谈区就座。

①客户到洽谈区:引导客户就座并为其供应饮品。

②客户要求自行看看:给客户自由的空间并在一旁关注客户,随时准备提供帮助。

2. 客户与销售顾问沟通时

(1)对客户进行需求分析并做好记录;

(2)根据客户需求,推荐合适的车型并针对亮点作介绍;

(3)对客户提出的疑问,提供专业的解决方案;

(4)主动邀请客户进行试乘试驾;

(5)帮助客户总结利益,尝试促成交易。

3. 顾客离店时

(1)顾客已订车:要完善资料、签合同、办理相关手续;

(2)顾客未订车:要询问清楚未订车的原因,寻找解决方案。

4. 顾客离开后

(1)完善客户信息,完成客户《来店(电)客户信息登记表》。

(2)及时拨打回访电话。

任务实施

活动 1　电话接待

第一步　知识准备

电话接待操作规程见表 4-1。

电话接待操作规程　　表 4-1

工作内容	操作要点	注意事项
电话接听礼仪	接听时间	电话铃响三声之内迅速准确接听
	保持喜悦的心情、清晰的声音、热情的语调	语调:柔和、轻快、甜美; 语音:清晰、自然、亲切; 语速:适中,切忌过快; 语气:热情、温和
	接听电话时一手握住听筒,一手记录,始终保持微笑	(1)电话机旁常备记录用品:记录本、贴纸、笔; (2)电话记录内容既简洁又完备:遵循国际通行"5W2H"原则; (3)记录过程中要一边记录一边复述,防止误听、误记
	使用规范的接听用语,在通话中保持谦逊和礼貌	进行自我介绍、主动询问对方姓名,接听电话过程中始终用当地惯用的方式称呼对方。 (1)主动询问客户需求; (2)重复并确认对方的问题; (3)解答并邀约客户至展厅; (4)再次确认客户是否还有其他需求; (5)留下客户有效联系方式; (6)感谢客户来电,待客户挂完电话后销售顾问再挂断; (7)电话接听结束 30min 内向客户发送祝福信息
代接电话礼仪	以礼相待,妥善处理	(1)告知对方被叫人不在的原因; (2)根据不同情况,妥善处理
	尊重隐私,适当回避	不涉及敏感问题,如职业、年龄、收入、婚姻状况等
	准确记录	简明扼要记录对方表达的意思并重复,以确保信息准确性
	及时传达	不耽误、及时传达信息,以免耽误事情
电话沟通技巧	明确电话邀约目的	(1)解答客户疑问; (2)邀约客户进展厅; (3)留下有效联系方式
	牢记电话邀约注意事项	1. 时间 (1)接听电话时间尽量控制在 3min 以内; (2)选择合适的时间给客户打电话。 2. 销售礼仪 (1)忌以"喂""谁呀""找谁"等作为第一声问候; (2)忌对方说话时自己好久没有回应; (3)忌铃声响三声以上无人接听; (4)忌不能解决问题时还不告知解决的途径; (5)忌先于对方挂电话。 3. 内容准备 (1)事先准备好要沟通的内容; (2)电话邀约的目的要明确; (3)在电话中切忌谈论价格,留有余地; (4)做好详细的电话记录。 4. 专注工作 接听电话时,不要做其他无关的事,如吃零食、和他人聊天、玩游戏等

第二步 任务实施

(1)根据电话接听要点,熟悉电话接听内容;

(2)根据关键点提示,写出电话接听、代接电话的处理对策以及改进建议,完成表4-2。

电话接待检查表 表4-2

情景	关键点	处理对策	改进建议
情景1:客户很喜欢某款车,希望在价格方面能有优惠	(1)优惠满意; (2)成功邀约至展厅; (3)服务态度满意		
情景2:客户抱怨订货周期太长,希望能提前提车	(1)协调成功; (2)成功邀约至展厅; (3)服务态度满意		
情景3:客户对比了某4S店的车,认为价格太贵	(1)优惠满意; (2)成功邀约至展厅; (3)服务态度满意		
情景4:客户表示需要先了解优惠政策再考虑是否进展厅	(1)优惠满意; (2)成功邀约至展厅; (3)服务态度满意		
情景5:客户认为展厅离家太远表示不愿意进展厅	(1)尝试说服客户成功; (2)成功邀约至展厅; (3)服务态度满意		
情景6:客户想提现车,但公司没有库存	(1)成功让客户换车型; (2)调车成功; (3)成功说服客户延期提车; (4)服务态度满意		

第三步 情景练习

1.情景描述

情景1:李先生看中某款车,通过电话咨询能否享受车展的优惠价格。

情景2:王先生购车已有3个月,销售顾问小张对王先生的用车情况进行电话回访。

情景3:客户温女士通过电话咨询二手车置换业务。

情景4:销售顾问小夏通过电话邀请客户杜女士一家来参加公司本周末的营销活动。

2.情景分析

完成电话接待情景分析,见表4-3。

电话接待情景分析　　表4-3

情　景	客户期望	处理对策
情景1		
情景2		
情景3		
情景4		

第四步　总结

活动2　展厅接待

第一步　知识准备

展厅接待操作规范见表4-4。

展厅接待操作规范　　表4-4

工作内容	操作要点	注意事项
客户进入展厅时	销售顾问主动上前迎接并问好	保持热情，使用标准问候语
	主动与客户握手并递送名片	(1)名片正面朝上，正向对着客户； (2)双手接住客户的名片，并轻声念出对方职位； (3)按照当地习俗与客户握手
	主动询问客户来店目的	看车/找人/维护/是否有预约等
	引导客户到洽谈区就座	(1)提供饮品供客户选择； (2)向客户提供产品、竞品资料及报价单等，客户入座方向应正对展车； (3)给客户独立的空间，销售顾问的位置应在客户视线范围内，方便客户随时咨询
客户与销售顾问沟通时	对客户进行需求分析并做记录	倾听、分析客户类型、需求分析、记录
	根据客户需求，推荐合适的车型并针对亮点进行介绍	针对客户关注点作产品介绍
	对客户提出的疑问，提供专业的解决方案	有一定的应变能力、具备综合知识
	主动邀请客户进行试乘试驾	核查客户证件信息，做试乘试驾准备工作
	帮助客户总结利益，尝试促成交易	简明扼要总结客户利益，有针对性促成交易

续上表

工作内容	操作要点	注意事项
客户离店时	已订车	(1)签订订车合同; (2)留下有效联系方式; (3)确定提车时间; (4)客户交付定金; (5)送客户至停车场并目送其离开
	未订车	(1)问清未购买原因; (2)留下客户有效联系方式; (3)送客户至停车场并目送其离开
客户离店后	整理客户信息,完成《来店(电)客户信息登记表》	按要求完成信息录入
	拨打回访电话	参考电话接听技巧

第二步　任务实施

(1)根据展厅接待操作要点,熟悉展厅接待工作内容。

(2)根据情景描述,完成下列表中接待表达的填写。

情景1:在某4S店里,一位男士在某辆展车旁停留,销售顾问上前接待,客户表示想一个人看看。

情景2:张女士一家三口来展厅看车,小孩只有1岁,不停地哭,客户不能专心看车。

情景3:销售顾问小金接到一位客户,经过简单的寒暄得知客户是来找总经理的。

情景4:恰逢周末,刘先生一家刚好路过某4S店,便决定进店看车,刘先生的母亲腿脚有些不便,行动比较缓慢。

情景5:今天下着雨,展厅的客户比较少,单先生一人到店看车。

情景6:周末上午,苏先生到店反映刚买的车天窗出现漏水现象。

上述6个展厅接待情景分析见表4-5。

展厅接待情景分析　　表4-5

情景	关键点	销售顾问接待对策	改进建议
情景1	(1)自我介绍; (2)感谢客户到店看车; (3)尊重客户; (4)离开客户,但要在客户视线范围内; (5)时刻关注客户; (6)为客户提供饮品; (7)留下客户有效联系方式; (8)为客户提供热情、专业的服务		

续上表

情　景	关　键　点	销售顾问接待对策	改进建议
情景 2	(1)自我介绍; (2)感谢客户到店看车; (3)请同事帮助客户将小孩带至儿童娱乐区; (4)给主要购车者提供一个相对安静的空间; (5)为客户及小孩提供饮品; (6)赞美客户; (7)关注客户及小孩; (8)迅速找到切入话题; (9)留下客户有效联系方式; (10)为客户提供热情、专业的服务		
情景 3	(1)自我介绍; (2)明确顾客到店目的; (3)主动给客户引路; (4)尊重顾客; (5)为客户提供热情、专业的服务		
情景 4	(1)自我介绍; (2)感谢客户到店看车; (3)引导老人及陪同人员到休息区休息; (4)为客户提供饮品; (5)引导购车者到洽谈区; (6)迅速找到切入话题; (7)为客户提供热情、专业的服务		
情景 5	(1)自我介绍; (2)感谢客户到店看车; (3)关心客户是否被雨淋湿; (4)邀约客户到洽谈区; (5)为客户提供饮品; (6)迅速找到切入话题; (7)为客户提供热情、专业的服务		
情景 6	(1)自我介绍; (2)问清事情缘由; (3)安抚客户情绪; (4)为客户提供饮品; (5)请相关负责人出面; (6)表明歉意; (7)邀请售后人员检查车况; (8)提供合理建议; (9)尊重客户; (10)为客户提供热情、专业的服务		

(3)填写《来店(电)客户信息登记表》,见表4-6。

来店(电)客户信息登记表 表4-6

<table>
<tr><td rowspan="3">日期</td><td rowspan="3">销售顾问</td><td rowspan="3">接待时间</td><td colspan="4">进店/电</td><td rowspan="3">来店电人数</td><td rowspan="3">客户姓名</td><td rowspan="3">联系电话</td><td rowspan="3">意向车型</td><td rowspan="3">客户等级</td><td colspan="2">进店/电目的</td><td rowspan="3">备注</td></tr>
<tr><td colspan="4">请打“√”</td><td colspan="2">请打“√”</td></tr>
<tr><td>进店</td><td>来电</td><td>首次</td><td>再次</td><td>咨询</td><td>预约</td></tr>
<tr><td></td><td></td><td></td><td></td><td></td><td></td><td></td><td></td><td></td><td></td><td></td><td></td><td></td><td></td><td></td></tr>
<tr><td></td><td></td><td></td><td></td><td></td><td></td><td></td><td></td><td></td><td></td><td></td><td></td><td></td><td></td><td></td></tr>
<tr><td></td><td></td><td></td><td></td><td></td><td></td><td></td><td></td><td></td><td></td><td></td><td></td><td></td><td></td><td></td></tr>
<tr><td></td><td></td><td></td><td></td><td></td><td></td><td></td><td></td><td></td><td></td><td></td><td></td><td></td><td></td><td></td></tr>
<tr><td></td><td></td><td></td><td></td><td></td><td></td><td></td><td></td><td></td><td></td><td></td><td></td><td></td><td></td><td></td></tr>
<tr><td colspan="15">“O”级——订车客户;“H”级——信心+需求+购买力(7天内可能购车);“A”级——需求+购买力(15天内可能订车);“B”级——购买力(30天内可能购车);“C”级——(2~3个月进店/购车)</td></tr>
</table>

第三步 总结

任务评价

1. 情景描述

情景1:客户刘女士在车展上留下联系方式,销售顾问小张通过电话邀请客户进店看车,但被婉拒。

情景2:李先生通过电话咨询某款车的车价,并说明自己一直在网上关注该款车,网上报价比4S店便宜。思考如果你是销售顾问,该如何解决这个问题。

情景3:小王预约文先生早上10时到店试乘试驾,而现在已经快12时,文先生还未到店,小王该怎么办?

情景4:文先生有购车打算,今天来展厅看车,销售顾问很热情地接待,文先生却表示想独自看车。

情景5:小张刚大学毕业到某4S店工作,一位客户到店,小张热情地为客户介绍车辆,而客户表明自己是来找人。

2. 情景分析

分析上述5个情景,完成表4-7。

情景分析　　表4-7

情　　景	客户期望	应对策略
情景1		
情景2		
情景3		
情景4		
情景5		

3. 评价

学习结束后，应及时对学习效果进行考核评价。为体现评价结果的有效性，评价采用自评、互评和教师评价相结合的方式，具体评价内容见表4-8。

学习评价表　　表4-8

考核内容	评价要点	分值	得　　分
操作技能评定（80分）	资料、看板准备齐全	4	
	销售顾问仪容仪表符合规范	6	
	销售顾问在电话铃响三声之内接听电话	4	
	销售顾问使用标准的电话接听用语并询问客户称呼	4	
	销售顾问主动询问客户需求	6	
	销售顾问针对客户提出的疑问提供有效解决方案	4	
	销售顾问留下客户有效联系方式	6	
	结束通话前，销售顾问主动邀约客户来展厅	4	
	结束通话前，销售顾问再次询问客户的需求并在客户挂断电话后再挂电话	2	
	销售顾问及时、主动、热情地迎接客户	2	
	销售顾问主动自我介绍（姓名、职务），并双手递交名片	6	
	主动询问客户称呼并用尊称称呼客户（按当地称呼习惯）	2	
	销售顾问始终专心接待客户，并留下客户有效联系方式	6	
	接待过程中，销售顾问能根据客户的实际情况提供周到服务	6	
	主动询问客户所需饮品，并提供至少2种以上的选择	4	
	销售顾问向客户友好告别，并感谢客户来店赏车	2	
	销售顾问将客户送出门外或至停车场，并向客户挥手致意，目送其离开	4	
	离店后，销售顾问适时打电话回访客户，询问客户的用车情况	2	
	能独立完成《来店（电）客户信息登记表》	6	

续上表

考核内容	评价要点	分值	得　分
综合素质评定（20分）	能积极参与团队合作	4	
	能按要求做到现场6S管理	4	
	任务完成综合情况	8	
	能严格遵守纪律	4	
合计			
学生互评	优点：		
	改进意见： 学生签名：		
教师评价	优点：		
	改进意见： 教师签名：		
学生总结	优点：		
	改进意见：		

拓展提高

当遇到下列情况，你会如何做？

(1)当你正在接待一位客户时，另一位客户也进展厅看车，这时没有销售顾问接待。

(2)客户进到展厅转了一圈或简单问了几个问题后就朝展厅门口走去，没有留下联系方式。

(3)客户进到展厅直接去看展车，你上前准备接待，客户绕车而走有意避开你。

(4)在展厅接待过程中，如何让客户记住某个销售顾问？

任务五 需求分析

任务描述

程先生,45 岁,某公司高管,性格内向,喜欢思考,想换购一辆 30 万元左右的车,希望车辆空间宽敞,动力好,他选择了同品牌的两家 4S 店进行对比:第一家 4S 店的销售顾问非常“热情”,一看到程先生进门便立刻向他推荐了店里某款 15 万元的畅销车型,并侃侃而谈,将车型亮点全部进行介绍。另一家 4S 店的销售顾问非常专业,礼仪到位,主动找话题与程先生聊天,并做记录,通过交流沟通,向顾客推荐了合适车型,对程先生提出的问题也能快速解答。思考:程先生会在哪家 4S 店购买车辆,为什么?

学习目标

1. 能够叙述需求分析的流程;
2. 能够分析不同类型客户的性格特点并提供相应的接待方案;
3. 能够运用需求分析技巧完成相应工作;
4. 能够通过沟通交流获取客户准确的反馈信息;
5. 能够在日常生活中为客户提供有效的解决方案,并激发对工作的兴趣。

建议课时

30 课时

学习引导

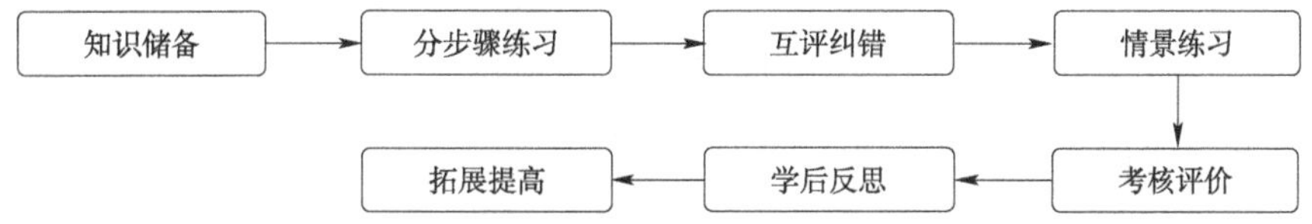

知识储备

一、需求分析的意义

(一)需求分析的目的

1. 切实了解客户购买车辆的需求特点

这个阶段可为推荐、介绍产品和最终的价格谈判提供良好的信息支持。如了解客户购买的显性动机、隐性动机等。

2. 鉴别客户的需求

销售顾问必须在接待完毕后的谈话中收集完整的信息,通过分析,为客户需求定性。

(二)需求的类别

1. 显性需求

显性需求是指客户自知的需求,如颜色、价位、保修等,占整个需求的20%。

2. 隐性需求

隐性需求是指更深层次的需求和产生影响的本质,如环保、喜好、舒适性等,占整个需求的80%。在分析客户需求时,可运用冰山理论,如图5-1所示。

a)冰山图

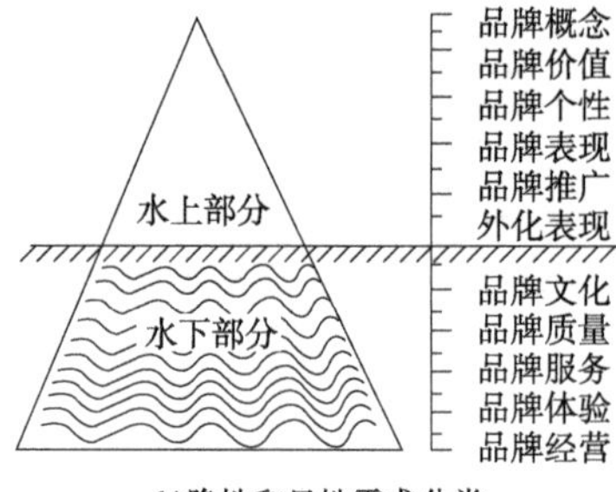

b)隐性和显性需求分类

图5-1 冰山理论

二、需求分析流程

需求分析流程如图5-2所示。

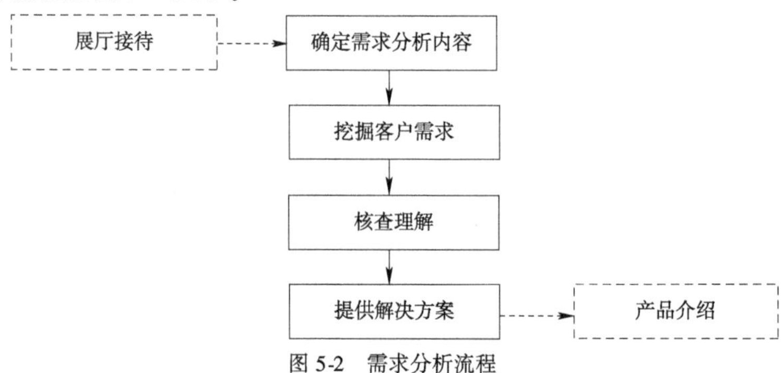

图5-2 需求分析流程

三、需求分析内容

(一)需求分析的内容

1. 需求分析内容

(1)过去的信息:指客户过去的状况,如用车经验、最高学历等;

(2)现在的状况:指客户现在的情况,如兴趣爱好、婚姻状况等;

(3)将来的期望:指客户对产品或服务的期望。

2. 需求分析清单

需求分析清单见表5-1。

需求分析清单表　　表 5-1

信赖的品牌	喜欢车型	使用对象	关注油耗	车辆用途	手动/自动
购车价位	家庭情况	三厢/两厢	喜欢的颜色	曾用车型	职业
关注的性能	年龄	收入状况	驾驶里程	性格特点	学历
兴趣爱好	消费习惯	保险业务需求	社会地位	社交圈	其他需求

(二)挖掘客户需求

1. 分析客户类型

客户的常见类型及应对策略见表 5-2。

客户类型及应对策略　　表 5-2

客户类型	性格特点	应对策略
情感关注导向型(注重人际交往)	希望与销售顾问建立互相信任的长久关系。时尚、比较感性,爱表现,愿意和销售顾问讲自己的经历,自己的想法,说话比较直接。喜欢成为焦点和被关注的中心,关注车辆与众不同的地方	快速建立朋友关系,销售顾问需要迅速找到车辆对其的吸引点,并进行强化和放大。需要结合客户的感觉、听觉或者味觉来进行讲解
性价比导向型(注重价值)	寻求物有所值,想要了解技术,但主要目的是要确保物有所值,没有不必要的功能。典型的购买决策,例如首先考虑满足需求,其次考虑价格比较优惠的	需要结合成本进行讲解,销售顾问回答提问时简单明了,不与客户发生正面的争执,不推荐不必要的配置。在客户确定要购车后,可适度做推荐,让客户认可,塑造价值等
车辆性能导向型(注重技术应用)	高度专注买车的过程,希望购买最能体现个人风格和身份的车辆,喜欢给人以精通技术的感觉,希望按自己的喜好被接待。典型的购买决策,例如确定预算后,希望购买在预算范围内最好的车	和客户讨论有关技术方面的问题,多用专业术语,显示专业知识,关注创新技术、环保应用等;引用权威报道或测评结果,有不同的意见时,最好能让客户自己论证或找出正确答案,而不是一味地争辩。试乘试驾要做得很充分,忌讳敷衍了事,压力成交可能会使其反感

2. 提问的技巧

(1)提问的目的。

①引导话题:通过提问,可以获取更多客户的信息;

②询问沟通:通过询问,可以分析出客户的需求;

③确认信息:保证分析出来的信息与客户的真实意图相符;

④表示兴趣:对客户的想法、要求表示关心与尊重;

⑤澄清误解:解决在沟通过程中产生的理解方面的误会。

(2)提问的类型。

①开放式提问:答案有多种,主要用来收集信息。常用“5W2H”的方式提问,详见表 5-3。

开放式提问技巧表　　表 5-3

5W2H	提 问 方 式
When	购买的时间
Who	购买者、决策人、影响人等
Where	购买的地点、了解信息的渠道
What	意向购买车型或服务等感兴趣的配备或特性
Why	主要需求等，如用途、使用方式
How	购买的方式、付款的方式
How much	客户的预算和支付能力

②封闭式提问：答案只有两种，主要用来确认信息。如："是""不是"，或"YES""NO"。

3. 核查理解

(1)核查理解的方法包括：展开法、重复法、澄清法、总结法。

(2)核查理解的原则：

①站在客户的立场上听；

②保持愉快的交谈环境；

③认真听取客户的想法；

④给予适当的鼓励和恭维；

⑤努力记住客户的话；

⑥勤记笔记。

(3)核查理解的技巧：

①对客户的观点表示兴趣；

②保持与客户的眼神接触；

③倾听时，身体前倾；

④沟通时，脸上保持适当的表情；

⑤在交流过程中适当地点头微笑；

⑥在交流过程中适时赞美客户。

4. 提出解决方案

(1)在与客户交流过程中或交流结束后，把收集到的准确信息和实际数据填写在一张定性卡片上，如客户信息卡等；

(2)寻找最适合客户的车型、价位及服务；

(3)在关键需要上，做好论证的准备。

任务实施

活动 1　需求分析内容

第一步　知识准备

写出表 5-4 所列需求分析环节所对应的各个项目的分析要点。

需求分析要点 表5-4

需求分析项目	具体分析内容
客户基本信息	
过去的信息	
现在的状况	
将来的期望	

第二步 任务实施

根据下列情景，完成表5-5所列需求分析内容。

情景1：张先生到某4S店想要了解某款车购车优惠活动。

情景2：赵先生是位个体户，打算增购一辆车，今天抽空到某4S店看车。

情景3：李女士刚退休，想给女儿买辆车，刚好路过某4S店，顺便进店看车。

需求分析内容 表5-5

情景	关键点	需要分析内容
情景1	心理预算	
情景2	用途	
情景3	主要使用者	

第三步 总结

活动2 挖掘客户需求

第一步 知识准备

根据客户的生活习惯，要获取真实信息，销售顾问需要制定客户需求提问方案（封闭式+开放式问题），详见表5-6。

客户需求提问方案 表5-6

生活习惯	操作要点	提问策略
衣着	一定程度上反映经济能力、选购品位、职业、喜好	

续上表

生活习惯	操作要点	提问策略
姿态	一定程度上反映职务、职业、个性	
眼神	可传达购车意向、感兴趣点	
表情	可反映情绪、选购迫切程度	
行为	可传达购车意向、兴趣点、喜好	
随行人员	其关系决定对购买需求的影响力	
步行/开车	可传达是否增购/品牌、置换、预购车型等信息	
手机	可传达偏感性还是偏理性，经常放在包里与拿在手里表明不同的性格特点	

第二步　任务实施

根据情景描述的关键点，根据表5-7所列内容，填写挖掘客户需求的沟通策略。

情景1：杨某是某时尚杂志的编辑，为人热情、豪爽，喜欢组织朋友参加户外活动，最近想购买一辆小型SUV。

情景2：戴某，某私企员工，驾龄15年，想购买一辆经济型轿车，不需要太多配置，希望优惠幅度大些。

情景3：黄某，律师，做事果断，在意服务质量，最近想换购一辆25万元左右的汽车。

需求挖掘沟通方案　表5-7

情　景	关 键 点	挖掘客户需求的沟通策略
情景1	(1)根据性格特征采取应对策略； (2)车辆颜色； (3)车辆配置； (4)对车辆感兴趣的点； (5)多赞美、肯定客户； (6)有无特殊要求等	

续上表

情　　景	关　键　点	挖掘客户需求的沟通策略
情景2	(1)根据性格特征采取应对策略; (2)购车预算; (3)车型(两厢或三厢); (4)收入状况; (5)购车时间; (6)车辆使用人	
情景3	(1)根据性格特征采取应对策略; (2)曾用车; (3)理想车型; (4)说话注意精简; (5)对车辆配置要求; (6)有无特殊需求等	

第三步　总结

活动3　核查理解

第一步　知识准备

根据以下情景及关键点提示,写出表5-8所列对应的核查理解方法。

情景1:客户比较注重车辆安全性,销售顾问为客户介绍主动安全、被动安全中的具体配置。

情景2:您的意思是想要操控性能更好一些的车吗?

情景3:A:我想买一个酷的、超炫的、时尚的车。

B:您说的是某款车吗?

情景4:根据和您的交流,我认为您是希望车辆座椅舒适,动力强大,安全性好,是吗?

核查理解方法　　表5-8

情　　景	关　键　点	核查理解方法
情景1	介绍满足需求的各个配置	
情景2	重复客户的需求,加深印象,对客户表示尊重	
情景3	避免客户表述太笼统、意思不够明确	
情景4	用专业术语对客户的需求进行总结	

第二步　任务实施

以上述4个情景为例,若客户有其他需求,帮助销售顾问制定合适的洽谈方案,完成

表 5-9,保证信息传递的准确性。

核查理解洽谈方案 表 5-9

情　景	客户需求	洽谈方案
情景 1	(1)客户希望车辆配备尽可能多的安全配置; (2)客户不喜欢浅色车	
情景 2	(1)客户想要手动挡的车; (2)客户希望汽车排量在 2.0L 左右	
情景 3	(1)客户希望所购车辆造型时尚; (2)客户想要两厢车	
情景 4	(1)希望车辆噪声小,人性化的配置多些; (2)客户希望车辆能多有几个安全气囊	

第三步　总结

活动 4　提出解决方案

第一步　知识准备

根据以下 3 个情景,将表 5-10 中客户需求的主要考虑因素填写完整。

情景 1:童某,男,35 岁,某企业高管,年收入 20 万元,刚结婚,打算购买一辆 20 万元左右的车辆,注重操控性和舒适性。

情景 2:李某,24 岁,刚参加工作,为人活泼直爽,打算购买一辆排量在 1.4L 左右的两厢车代步,颜色要亮丽一些,注重时尚和经济性。

情景 3:林某,某国企员工,已婚,为人精明稳重,喜欢旅行,女儿 3 岁,想换购一辆 15 万元左右的三厢车,注重舒适性和安全性。

客户需求主要考虑因素 表 5-10

情　景	主要考虑因素	具体内容
情景 1	实用性	
	经济性	
	定位	
情景 2	实用性	
	经济性	
	定位	
情景 3	实用性	
	经济性	
	定位	

第二步　任务实施

根据上述的3个情景内容，分别完成表5-11所示《客户信息卡》的填写。

客户信息卡　　　　表5-11

<table>
<tr><td>建档日期</td><td>年　　月　　日</td><td>销售顾问</td><td></td></tr>
<tr><td>客户姓名</td><td></td><td>意向级别</td><td>□O级　□H级　□A级
□B级　□C级　□N级</td></tr>
<tr><td>性别</td><td>□男　□女</td><td>意向级别(变更)</td><td>□O级　□H级　□A级
□B级　□C级　□N级</td></tr>
<tr><td>年龄</td><td></td><td>留档渠道</td><td>□电话　□进店　□外拓</td></tr>
<tr><td>家庭住址</td><td></td><td>曾用车型</td><td></td></tr>
<tr><td>联系方式</td><td></td><td>意向车型</td><td></td></tr>
<tr><td>职业</td><td></td><td>外观颜色</td><td></td></tr>
<tr><td>消费爱好</td><td></td><td>购车预算</td><td></td></tr>
<tr><td>购车决策者</td><td></td><td>适合车型</td><td></td></tr>
<tr><td>产品需求描述</td><td>□私人　□商用　□其他</td><td>付款方式</td><td>□现金一次性支付　□分期付款</td></tr>
<tr><td>客户获取
信息方式</td><td>□广告　□报纸　□广播　□车展　□路过
□网页　□电视　□朋友推荐　□其他</td><td>客户对公司的印象</td><td>□好　□一般
□不好　□不关注</td></tr>
<tr><td>跟进时间</td><td>跟进内容</td><td>跟进结果</td><td></td></tr>
<tr><td></td><td></td><td></td><td></td></tr>
<tr><td></td><td></td><td></td><td></td></tr>
<tr><td>联系方式</td><td colspan="3">□电话　□拜访　□信函　□电子邮件　□展厅接待　□短信　□其他</td></tr>
</table>

第三步　总结

任务评价

1. 情景描述

情景1：何女士是某幼教老师，新婚、性格温柔，有些内向，和丈夫商量打算购买一辆两厢车做代步工具，希望价格实惠些。

情景2：林女士是某国企注册会计师，收入可观、为人热情、性格豪爽，注重生活品质，打算换购一辆25万元左右的车。

情景3：杨先生是位工程师，做事严谨，话不多，通过朋友介绍来到某4S店，想购置一辆SUV，第二次来店。

2. 情景分析

针对上述3个情景，完成需求分析表(表5-12)。

需求分析表　　表5-12

情　景	客户期望	解决方案
情景1		
情景2		
情景3		

3. 评价

学习结束后,应及时对学习效果进行考核评价。为体现评价结果的有效性,评价采用自评、互评和教师评价相结合的方式,具体评价内容见表5-13。

学习评价表　　表5-13

考核内容	评价要点	分值	得　分
操作技能评定(80分)	销售顾问仪容仪表符合规范	4	
	资料准备齐全	2	
	会整理需求分析清单	6	
	会对客户过去、现在、将来的信息进行分类	3	
	会对不同性格特征的客户进行分类,并提供适合的接待方案	6	
	会进行封闭式、开放式询问	6	
	能找到客户感兴趣的话题	4	
	在与客户交流过程中,销售顾问的表达方式恰当	5	
	能挖掘客户的显性需求和隐性需求	3	
	清楚并会运用核查理解的方法	4	
	能站在客户立场考虑问题	3	
	能营造舒适轻松的交流环境	4	
	能给予客户适当的赞美	4	
	认真记录与客户交流过程中的信息	5	
	能正确理解客户所反馈的信息	6	
	能提供适合客户的销售方案	5	
	能正确填写《客户信息卡》	5	
	整个需求分析过程中都能得到客户的肯定	5	

续上表

考核内容	评价要点	分值	得 分
综合素质评定（20分）	积极参与团队合作	4	
	按要求做到现场6S管理	4	
	任务完成综合情况	8	
	能严格遵守纪律	4	
合计			
学生互评	优点：		
	改进意见： 学生签名：		
学生互评	优点：		
	改进意见： 学生签名：		
学生总结	优点：		
	改进意见：		

拓展提高

当涉及以下问题时，你认为销售顾问的询问方式是否恰当，为什么？如果不恰当，该如何询问？

(1)关于用车经历：您以前开过车吗？

(2)关于预算：您能拿出多少钱来买车？

(3)关于购车时间：您决定什么时候买车？

(4)关于购车决策者：您自己可以定下来吗？您自己可以做主吗？您看中后还需要其他人来看吗？

(5)关于对新车的要求：您想要什么样的车？

任务六　汽车产品介绍方法和技巧

任务描述

客户赵女士今年32岁，是一名会计，想购买一辆20万元左右的车，用于上下班代步和接送小孩上下学，以及节假日带着家人到郊外游玩。赵女士对某品牌的某车型比较中意，希望4S店的销售顾问能向她具体介绍一下。如果是你接待赵女士，你会怎么进行介绍，从而让赵女士对这款车有较为全面的了解？

学习目标

1. 能够准确说出六方位绕车介绍的顺序和内容；
2. 能够运用FFBI方法介绍汽车产品亮点；能够运用ACE介绍技巧解答客户提出的竞品对比问题；能够运用CPR介绍技巧解答客户对产品本身提出的异议；
3. 能够结合客户需求，运用拉动式选车法向客户介绍核心亮点；
4. 能够引起学生对汽车产品介绍方法和技巧的关注以及产生学习兴趣。

建议课时

42课时

学习引导

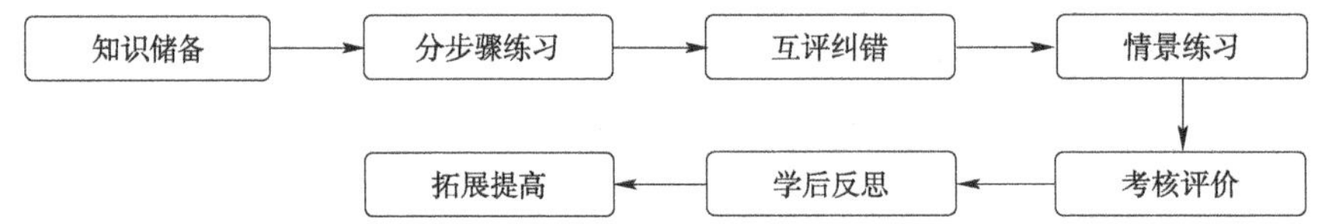

知识储备

一、产品介绍概述

（一）产品介绍的意义

在产品介绍阶段，最重要的是具备专业性和有针对性。销售顾问应具备所销售产品的专业知识，同时需要充分了解竞争车型的情况，以便在对自己产品进行介绍的过程中，不断进行比较,以突破自己产品的亮点和优势,运用以客户为中心的方式向客户展示适合其需求的产品,从而提高客户对产品的认同度。

(二)产品介绍的要点

产品介绍的要点是针对客户的个性化需求进行产品介绍,重点强调产品、服务给客户带来的利益,以获得客户的信任感。销售顾问必须通过传达直接针对客户需求和购买动机的相关产品特性,帮助客户了解该款车是如何符合其需求,只有这样客户才会认识到产品的价值。

二、产品介绍流程

产品介绍流程如图 6-1 所示。

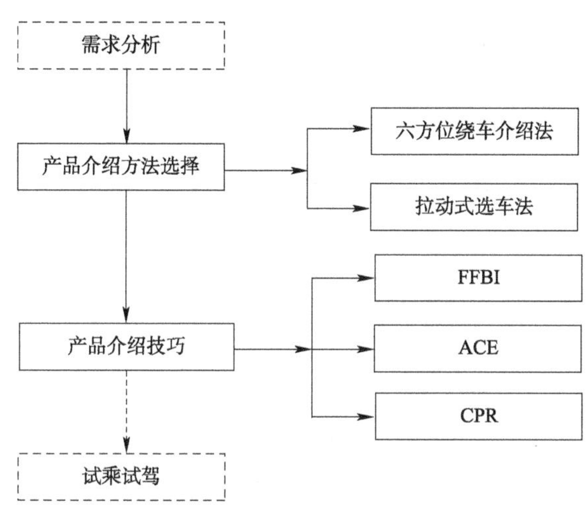

图 6-1　产品介绍流程

三、产品介绍方法

(一)六方位绕车介绍法

在产品介绍环节,不同的汽车品牌有不同的介绍方法和顺序。常见的介绍方法有五方位、六方位、七方位介绍法。产品介绍顺序分顺时针介绍和逆时针介绍。但是,不管用什么方法和顺序,在汽车销售产品介绍环节需要介绍的方位、内容、标准和要求都大同小异,本任务仅以六方位介绍法和逆时针介绍顺序为例进行介绍。

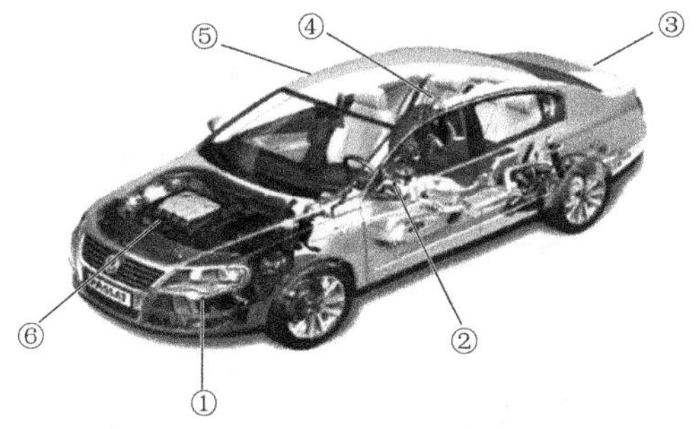

图 6-2　六方位逆时针绕车介绍顺序图

①-左前方 45°:品牌、外观;②-驾驶室:操控性;③-车后方:空间和造型;④-乘客室:舒适便利性;⑤-车侧方:安全性;⑥-发动机舱:发动机性能

(1)六方位绕车逆时针介绍顺序和内容如图 6-2 所示。

(2)六方位逆时针绕车介绍的标准与要求见表 6-1。

六方位逆时针绕车介绍的标准与要求　　表6-1

方　　位	标准与要求	期待的效果
左前方45° 	针对品牌、外观造型、风格等内容进行介绍：包括总体线条、脸部造型、品牌标识、前照灯造型、车身形态、空气动力性（风阻系数）、玻璃表面（采光性）、安全的车身设计（前保险杠、防撞钢梁、行人保护设计）、油漆质量等	提高客户对品牌文化和车辆整体设计的关注
驾驶室 	针对操控、安全、舒适、创新（新技术）、认同等内容进行介绍：包括座椅（材质、功能、调向、人体工程学）、转向盘（多功能方向盘操作与调节）、驾驶室的装备和设施（如仪表中控台的设计、人性化操控装备、音响、空调、主被动安全设计、天窗等）、视野范围、变速器等	使客户了解内部配置的优秀性和提高对设计理念的支持
车后方 	针对车辆的空间、造型、安全、方便等进行介绍：包括尾部外观（造型风格、品牌标识、尾部组合灯光、高位制动灯、尾翼等）、行李舱及舱内设施、空间组合等	客户对后方设计的支持和对新生活形态的期待
乘客室 	针对舒适、便利等客户关注的内容进行介绍：包括后排座椅的设计（材质、理念、4/6分、中央杯托、儿童安全座椅固定装置等）、后排膝部和头部空间、储物空间、车内材质的环保性、车辆的静谧性等	了解客户给予同乘者的满意度
车侧方 	针对安全、车身工艺进行介绍：包括车身线条造型（腰线、防擦条、镀铬装饰条、流线型设计等）、车身附件及装备、车身制造工艺、悬架系统、制动系统、车轮等	提高客户的安全感和信任感
发动机舱 	针对发动机性能、安全、经济、创新等内容进行介绍：包括吸能结构的机舱及布局、发动机形式（动力性、最大转矩、最大功率、燃油经济性）、清晰易辨的液体添加口等	提高客户对试车的期待

（二）拉动式选车法

1. 拉动式选车法的目的

在进行六方位产品介绍时，应针对具体的产品亮点，通过设定标准、烘托、陈述客户利益、感受、专业解释五个步骤层层推进，引导客户认识该亮点的重要性，从而将该亮点作为选车的标准。

2. 拉动式选车法的五大步骤

1）设定标准

在本阶段销售顾问应站在专家的角度，通过客观、专业的介绍告诉客户应该选择什么样的车，从而将该亮点作为选车时的标准。

2）烘托

通过与行业中的标杆建立联系，提升产品亮点在客户心目中的地位，进而使客户产生物超所值的感觉。

3）客户利益

通过对产品亮点的功能诠释，将产品的功能与客户的需求建立起有机的联系。

4）亲身感受

通过看、摸、听、闻、试乘试驾等方式，让客户对产品有更直观、深刻的认识，在感受过程中应尽力寻求客户的认同。

5）专业解释

在客户对性能表现出极大的兴趣时，可以对亮点进行更深入的解释，加深客户的印象。

3. 拉动式选车法举例

以上海大众帕萨特的 3mm 车身间隙高点为例，拉动式选车法第一步骤的表达方式见表 6-2。

拉动式选车法第一步骤表达方式　　表 6-2

亮点：上海大众帕萨特的 3mm 车身间隙	
设定标准	钢板缝隙的大小不仅能够体现出一辆车的制造工艺，关键是能反映出车身的结构强度
烘托	您看我们的帕萨特车身缝隙只有 3mm，这是劳斯莱斯等顶级车的标准，只有在奔驰、宝马等高端车型才能看到同样的 3mm 车身缝隙
客户利益	只有整车结构足够牢固，才能保证长久行驶后车身不变形，所以我们敢做到 3mm，安全性更可靠，同时车辆缝隙整齐、均匀，使整车造型更精美
亲身感受	请看一下金属板间的缝隙，间隙小而均匀
专业解释	由于采用激光焊接，在工艺上保证了整车刚性，连续的激光焊接使整车结构强度大于非激光焊接的车辆，保证了整车缝隙达到 3mm 间隙，充分显示出德国汽车设计、工艺的先进性

四、产品介绍技巧

（一）展厅销售技巧——FFBI

针对不同的汽车品牌，产品介绍的方法也各不相同，比如 FAB 法（配置、优势、利益）、

FABIE 法(配置、优势、利益、冲击、证据)、FBSI 法(配置、利益、感受、冲击)、FFBI 法(配置、功能、好处、冲击)、SAB 法(解决方案、优势、利益)、NBS 法(需求、利益、解决方案)、NFAB 法(需求、配置、优势、利益)、NFABIE 法(需求、配置、优势、利益、冲击、证据)等,下文仅以 FFBI 法为例进行介绍,希望读者能够灵活运用。

1. FFBI 的定义

FFBI 是销售顾问在对客户进行产品介绍时所遵循的科学的表达构成方式,运用 FFBI 法能够最大限度地、有逻辑顺序地帮助销售顾问向客户进行产品介绍。

F(Feature,配置):这个环节往往是产品介绍的开端,销售顾问应该告知客户特定的配置名称。例如:这是我们某款车型的某配置。

F(Function,功能):对已经告知客户的配置进行说明,让客户理解使用的方法和具备的功能。例如:自动恒温空调是采用可变排量冷气压缩机,通过传感器感知车外温度和日照强度,精确控制送风量及温度。

B(Benefit,好处):对产品和配置介绍到位以后,销售顾问应该结合客户需求分析对客户进行配置和功能的好处讲解,让客户切身感受到这些内容可以为他(她)带来的便利性和使用价值。例如:TSI 发动机是汽车未来的主流技术和发展趋势,能让追求性能的您在所关注的动力方面得到满足的同时,还能为您带来更好的燃油经济性。

I(Impact,冲击):用数据、场景对客户进行冲击,让客户对产品留下深刻的印象。例如:热成型工艺使得钢材抗拉强度达 1300 ~ 1500MPa,是普通钢材的 4 ~ 5 倍,广泛应用于坦克、装甲车、核潜艇的制造中。热成型工艺可有效抑制车身侧面碰撞变形,为车内驾乘人员赢得更大的生存空间,确保人员安全。

2. 表达示例

请用 FFBI 表达方式介绍激光焊接和空腔注蜡技术。

F(配置):此款车采用了激光焊接和空腔注蜡技术。

F(功能):激光焊接技术是通过激光使两块钢板接缝处的金属分子重新组合,连接在一起,使得焊接后的两块钢板的强度犹如一整块钢板,这样一来车身的强度就大大提升,远优于普通的点焊焊接车身。空腔注蜡技术是在没有车漆覆盖的钢材中注入防腐蜡,使得钢材内外都避免与空气接触发生氧化。

B(好处):激光焊接极大提高了车身强度,安全性更高。

I(冲击):空腔注蜡让车身钢材 12 年内不腐蚀,极大地提升了车辆品质,让您的爱车保证质量的同时,也有效地保证了美观,减少了不必要的费用支出。

(二)展厅销售技巧——ACE

1. ACE 的定义

ACE 是用于解答客户提出的竞品对比问题时的一种表达构成格式。

A(Acknowledge,认可):对客户提出的观点表示赞同,目的在于提升客户的交谈舒适感,破除双方的隔阂,让客户感受到我们“站在客户一边”,从而让他倾听接下来的分析。

C(Compare,比较):对比本品和竞品的差异和不同,分出优劣。重点在于围绕客户提出问题的主题。例如动力性方面、安全性方面的问题等。

E(Elevate,提升):在比较过后,重新梳理本产品的优点,强调优势,在客户心中提升本产品的良好印象。

2. 表达示例

问题:作为日系车,CR- V 比途观省油。

A(认可):某先生/女士,您关注油耗说明您是一位注重环保的人士。的确,同排量的日系车油耗都相对较低。

C(比较):新 CR-V 和途观的综合油耗仅仅有 0.3L/100km 的区别,但您知道,途观采用了 TSI 缸内直喷涡轮增压发动机,在低转速的情况下也能输出强劲动力,而 CR- V 只有在高转速下才能输出较大的动力,相同的动力下自然途观要更省油。而且,途观的排量只有 2.0L,而 CR-V 的排量为 2.4L。

E (提升):TSI 发动机是目前国内市场上最优秀的低耗高效的发动机,其 90km/h 等速油耗仅 6.5L,油耗表现很优秀,途观兼具了低油耗、高功率两大优势,怎会输给 CR-V 呢?

(三)展厅销售技巧——CPR

1. CPR 的定义

CPR 是用于处理客户对我们产品本身提出异议时的一种表达构成格式。

C(Clarify,说明):由顾客自己对销售顾问说明异议。销售顾问适当引导归纳总结,把问题细化到一个局部,便于解决。例如:您认为我们的产品没有雾灯会影响到驾驶视线是吗?

P(Paraphrase,复述):销售顾问确认客户异议的过程和方法,其目的即为确认客户异议。例如:您觉得这样行车不安全对吗?

R(Resolve,解决):在确认客户异议后思考出解决办法,并具体地传递给客户处理异议。例如:关于您说的问题是这样的……您现在对这个问题还有什么疑问吗?

2. 表达示例

问题:你们的新车车内味道较重,是不是面料、材质太差了?

C (说明):您是觉得车内味道较大,所以认为座椅材质较差吗?

P (复述):看来您是担心材质不够环保,车内异味较重,有害挥发物会对您和家人的健康造成不良影响。

R(解决):车内有害挥发物的主要成分是甲醛,上海大众对车内甲醛含量的控制极为严格,采用德国大众 VW50180 标准,比国家标准严格九倍,能有效控制室内有害物质挥发。本辆车内甲醛含量控制处于国内车厂领先水平,您尽可以放心。

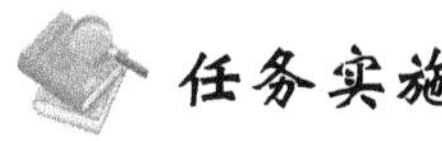

任务实施

活动 1　按方位绕车介绍

第一步　知识准备

请根据指定的车型结合车型信息表,按照一定的介绍顺序,写出其每一个方位的核心亮点名称,完成表 6-3。

六方位核心亮点名称 表6-3

(车型)绕车介绍	
方　位	核心亮点名称
左前方45°	
驾驶室	
车后方	
乘客室	
车侧方	
发动机舱	

第二步　任务实施

学生以4～6人为一组，根据绕车介绍的标准和要求对以上知识准备中列出的核心亮点名称，并进行引导介绍，同时以小组为单位互检、纠错，完成表6-4。

核心亮点引导介绍 表6-4

方　位	销售顾问引导动作	销售顾问介绍话术	改进意见
左前方45°			
驾驶室			
车后方			
乘客室			
车侧方			
发动机舱			

第三步　总结

活动2　拉动式选车法

第一步　知识准备

从活动1中任意选出两个核心亮点，用拉动式选车法完成表6-5。

拉动式选车法介绍表达方式 表6-5

核心亮点	设定标准	烘　托	客户利益	亲身感受	专业解释

第二步　任务实施

(1)学生以4~6人为一组,在组长的监督下,对以上知识准备完成的内容进行组内互检、互纠,然后一一进行介绍。

(2)每组选一名代表用拉动式选车法进行某一亮点的介绍,各小组成员间互相检查、互相纠错。

第三步　总结

活动3　展厅销售技巧识别

第一步　知识准备

写出展厅销售三种技巧的定义和适用范围,完成表6-6。

展厅销售技巧定义及适用范围　　表6-6

展厅销售技巧	定　义	适用范围
FFBI	F:	
	F:	
	B:	
	I:	
ACE	A:	
	C:	
	E:	
CPR	C:	
	P:	
	R:	

第二步　任务实施

学生根据给出的任意指定问题,判断应该选择哪一种销售技巧进行回答,并说出理由,完成表6-7。

销售技巧选择及理由　　表6-7

教师指定问题	选择技巧	理由简述	改进意见
问题1:			
问题2:			
问题3:			

第三步　总结

活动4　FFBI销售话术的运用

第一步　知识准备与任务实施

选择教师指定车型的任意2个核心亮点运用FFBI表达进行介绍,同时小组成员间互相检查、互相纠错,完成表6-8。

FFBI介绍表达方式　　表6-8

产品亮点	FFBI表达方式	改进意见

第二步　总结

活动5　ACE话术的运用

第一步　知识准备

以4~6人为一组进行讨论,根据教师指定车型,锁定一款核心竞品,完成表6-9。

车型对比　　表6-9

选定车型	竞品车型

第二步　任务实施

小组讨论,按照教师给出的异议问题(教师根据每组锁定的竞品车型给出不同的异议问题),将指定车型与其锁定核心竞品进行对比,并运用ACE表达进行解答。同时,小组成员间互相检查、互相纠错,完成表6-10。

ACE 介绍表达方式 表 6-10

竞品对比异议问题	ACE 表达方式	改进意见
问题:		

第三步 总结

活动 6 CPR 表达方式的运用

第一步 知识准备与任务实施

小组针对指定车型讨论出至少一条对该车型存在异议的问题,运用 CPR 表达方式进行解答,同时小组成员间互相检查、互相纠错,完成表 6-11。

CPR 介绍表达方式 表 6-11

产品本身异议问题	CPR 表达方式	改进意见
问题:		

第二步 总结

任务评价

1. 情景描述

情景 1:客户赵女士今年 32 岁,是一名会计,想购买一辆 20 万元左右的车用于上下班代步和接送小孩上下学,以及节假日带着家人到郊外游玩。赵女士对某品牌的某车型比较中意,希望 4S 店的销售顾问能向她具体介绍一下。如果是你接待赵女士,你会怎么进行介绍,从而让赵女士对这款车有全面的了解?

情景2:杨先生,28岁,自由职业者,想买一辆车作为婚车,他特别注重车辆的外观、质量和性能。某天中午,杨先生和未婚妻一起来到某4S店销售展厅看车,如果是你接待杨先生,你会怎样向他和未婚妻介绍他们感兴趣的车型呢?

2. 情景分析

第一步　以角色扮演的方式,先进行需求分析,完成表6-12。

需求分析主要内容　表6-12

用车经验		用途	
意向车型		意向颜色	
购车时间		购车预算	
新车关注点			

第二步　根据需求分析的结果,向赵女生、杨先生推荐1~2款车型,结合客户需求,选择客户最感兴趣的一款车分别针对情景1、情景2进行推荐车型介绍,完成表6-13。

推荐车型介绍　表6-13

内　容	推荐车型	展车介绍话术
情景1		
情景2		

3. 评价

学习结束后,应及时对学习效果进行考核评价。为体现评价结果的有效性,评价采用自评、互评和教师评价相结合的方式,具体评价内容见表6-14。

学习评估表　　表 6-14

考核内容	评价要点	分值	得分
操作技能评定（80 分）	能识记六方位绕车介绍的顺序和主要内容	5	
	能按照六方位绕车法的标准和要求进行介绍	10	
	能识记拉动式选车法的五大步骤	5	
	能根据客户需求灵活运用拉动式选车法	10	
	能识记 FFBI 表达方式的定义	5	
	能熟练运用 FFBI 表达进行产品亮点介绍	10	
	能识记 ACE 表达方式的定义	5	
	对于客户提出的竞品对比问题，能灵活运用 ACE 介绍技巧进行解答	10	
	能识记 CPR 表达方式的定义	5	
	当客户对产品本身提出异议时，能灵活运用 CPR 介绍技巧给出解答	10	
	能根据给出的情景进行任务的分析和实施	5	
综合素质评定（20 分）	能积极参与团队合作	4	
	能按要求做到现场 6S 管理	4	
	任务完成综合情况	8	
	能严格遵守纪律	4	
合计			
学生评价	优点：		
	改进意见： 学生签名：		
教师评价	优点：		
	改进意见： 教师签名：		
学生总结	优点：		
	改进意见：		

拓展提高

让每位学生课后搜索一些典型的销售顾问接待案例，根据案例写一则情景描述，然后写出相应的解决方案。下次课随机选取学生进行情景演练。

任务七　试乘试驾

任务描述

客户李先生想购买某款汽车，于是到某4S店看车，希望能亲自体验该款车的各方面性能。李先生到店后由销售顾问小王接待，并为其安排试乘试驾。

学习目标

1. 能够说出试乘试驾前的准备工作，并能主动邀约客户进行试乘试驾；
2. 能够描述试乘试驾的流程，并准确判定客户是否具备试乘试驾的条件；
3. 能准确地填写试乘试驾相关表格，记录试乘试驾过程，引导客户对试乘试驾作出评价，尝试成交；
4. 能运用专业的表达，协助试乘试驾专员完成试乘试驾工作；
5. 能够对试乘试驾的技巧产生学习兴趣，从而建立良好的状态和角色认知。

建议课时

18课时

学习引导

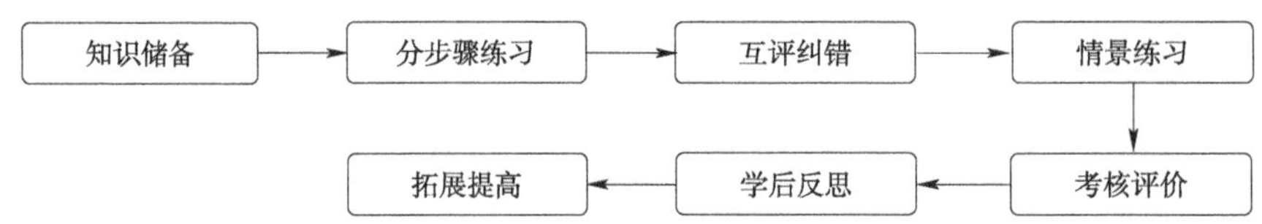

知识储备

一、试乘试驾的意义

试乘试驾是一种能有效提高销售成交率的产品介绍方法。通过试乘试驾，一方面可以让客户亲身体验汽车产品的各项优越性能所带来的美好感受，增强客户的购买信心；另一方面也是销售顾问获取客户信息的大好时机，销售顾问可以更深入地发掘客户需求，从而达到提高成交率的目的。接受试乘试驾的对象不再仅局限于目标消费者，还包括那些舆论领袖和传媒工作者。对于销售顾问来说，试乘试驾是产品介绍的延伸，此过程可以通过动态介绍弥补静态介绍的不足。

二、试乘试驾流程

试乘试驾流程如图 7-1 所示。

三、试乘试驾内容

试乘试驾包括试乘试驾前准备、试乘试驾静态展示、试乘试驾动态展示、试乘试驾总结等。

(一)试乘试驾前的准备

1. 试乘试驾车辆的准备

汽车 4S 店的在售车型都应备有试乘试驾专用车，并保证车况良好。试乘试驾车辆负责人应对试乘试驾车辆进行检查。如图 7-2 所示，车辆的准备，包括车辆外观和内部的清洁。

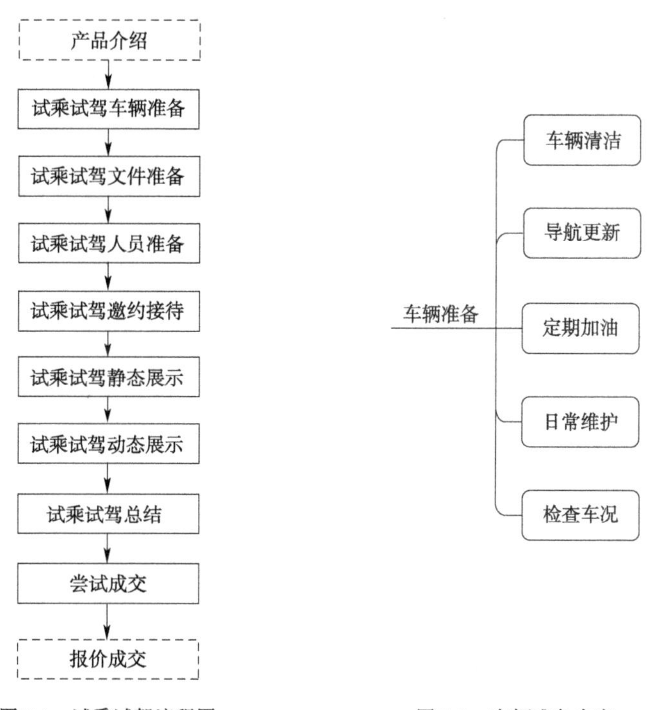

图 7-1　试乘试驾流程图　　图 7-2　车辆准备内容

1)外观

车辆应贴有试乘试驾标志；车辆干净整洁，无异味。

2)内部

车内不得放有任何杂物，车内配有脚垫，油箱内燃油充足，车辆的内部导航定期更新，车内音响、收音机提前设置。车辆必须定期进行维护，以保证车辆能够正常运转。销售顾问应在试乘试驾前检查车辆，保证各项车况指标正常。

2. 试乘试驾文件的准备

在试乘试驾前，销售顾问和客户都应准备好相应的证件和资料。销售顾问准备车辆的各种手续、文件，包括车辆牌照、行驶证、保险卡等，试乘试驾安全说明及须知，试乘试驾安全协议书，试乘试驾线路规划图，客户试乘试驾意见调查表等。客户应准备的资料包括身份证和驾驶证。

3. 试乘试驾人员的准备

试乘试驾专员和销售顾问应全程引导和陪同客户完成试乘试驾，并满足以下条件：具有合法的驾驶执照，经过系统的上岗培训，熟悉试乘试驾过程中的注意事项，熟悉试乘试驾路段的交通情况，熟悉试乘试驾过程中车辆介绍的要点和时机，能够处理试乘试驾过程的突发事件。

4. 试乘试驾的路线安排

如图 7-3 所示，试乘试驾应避免选择建筑工地和交通拥挤的路段，最好选择车流量较小的平坦路段，但也要拥有一些坑洼、爬坡、急转弯等路段，可以满足测试车的制动性能、加速性能、动力性能和转向性能等性能测试的需要，整个试车时间一般控制在 10 ~ 20min。在客户试乘时，安排车辆在开阔平坦的路面行驶，以便给客户带来舒适的乘坐体验。在客户试驾时，根据车辆的特征，在直线、弯道、坑洼地面等路线中，选择最能发挥车辆优势的路线，以给客户带来最佳的感观体验。销售顾问应把试乘试驾路线制作成路线图，摆放在展厅，供客户参考。

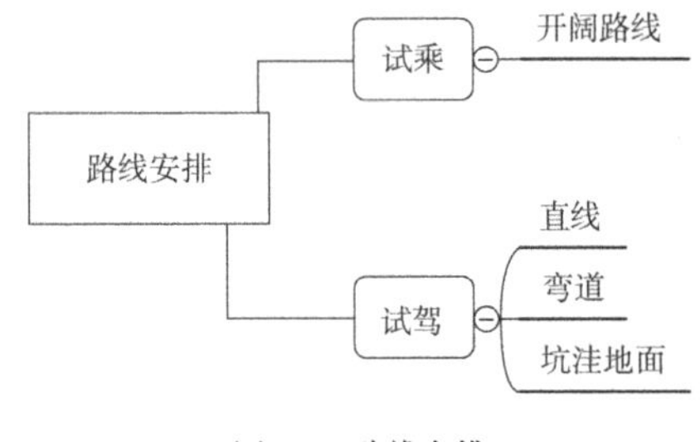

图 7-3　路线安排

(二)试乘试驾邀约接待

1. 邀约方式

试乘试驾邀约方式有如下五种：

(1)电话邀约；

(2)进店邀约；

(3)网络邀约；

(4)报纸、广告邀约；

(5)活动现场邀约。

2. 邀约技巧

(1)顺水推舟。

销售顾问介绍产品后，对产品的关键点顺势介绍，并提出试乘试驾邀约。

(2)验证质疑。

针对客户对竞品比较后提出的质疑，有针对性地提出试乘试驾。

3. 邀约时机

(1)客户对产品性能产生怀疑。

当客户对车辆的性能(如动力性能、稳定性能、加速性能)等产生疑虑时，销售顾问可邀约客户进行试乘试驾，这样既可以解决客户的质疑，还能在试乘试驾中进一步分析客户的购车喜好。

(2)价格谈判久攻不下

在价格谈判过程中,客户因为价格问题迟迟难以决定下单时,可邀约客户进行试乘试驾。这样不但可以暂时避免在议价过程中客户产生负面的情绪,还可以让客户详细地了解产品配置的性能和价值,避免出现因为几百块的差额而放弃订车的尴尬。

(3)吸引客户二次进店

第一次进店就直接下单订车的客户毕竟是少数,大多数客户都是处在观望、徘徊、纠结、犹豫等的状态。因此在销售过程中会比较看重二次邀约进店率,客户第一次进店只是简单看看、四处逛逛,对产品有个大致的印象,二次进店就有点"动真格"了,此时便可以用试乘试驾辅以试驾礼品吸引客户二次进店。

(三)试乘阶段

(1)引导客户上车介绍车辆使用,并据喜好及情景播放不同风格的音乐。

为了使客户有足够的时间体验车辆的性能,在试乘前销售人员应向客户说明试乘试驾路线的范围,以及需要注意和加强体验的路段。销售顾问应引导客户熟悉试乘试驾车,介绍座椅、内外后视镜、转向盘、安全带等设备的调整方式;介绍转向灯开关、前照灯开关、刮水器开关等设备的位置和使用方法。出发前,提醒车内所有人员系好安全带,客户试乘阶段由试乘试驾专员或销售顾问示范驾驶和讲解。试驾专员或销售顾问可打开车上娱乐系统并演示其功能,播放客户喜爱的音乐,营造轻松的氛围。

(2)客户试乘时,销售员应简单描述体验重点,并作动态讲解。

试驾专员或销售顾问应根据车辆行驶路段进行说明,向客户充分展示车辆的动态特性。

(3)引导客户对车辆动态表现表示认同。

试驾专员或销售顾问应在车辆匀速行驶时,询问客户对车内静音效果是否满意。在车辆行驶到转弯路段前,试驾专员或销售顾问应提醒客户做好体验车辆转弯稳定性的准备。转过弯后,试驾专员或销售顾问应询问客户对车辆转弯稳定性能是否满意。

(四)试驾阶段

在驾驶过程中,试驾专员或销售顾问应简要提醒客户体验的重点内容,以强化客户感受。提醒客户注意安全,当客户有危险或违章的意图或行为时,果断采取制止措施,并请客户在安全地点停车,同时向客户讲解保障安全的重要性,取得客户的理解。当试驾结束后,由试驾专员或销售顾问驾驶车辆返回4S店,并主动引导客户返回展厅洽谈桌入座,根据用户需求献上饮料,请客户填写《意见调查表》并询问客户订约意向,总结试乘试驾体验,并与顾客的需求进行对比分析,再次确认用户需求,根据客户异议点适时利用展车再次解说,促成订约。最后,试驾专员或销售顾问应与客户道别,并完成各项文件记录。

四、试乘试驾工作操作规范

试乘试驾工作应符合的基本操作规范见表7-1。

试乘试驾操作规范 表 7-1

工作内容	操作要点	注意事项
试车试驾前准备	车辆准备	车型相符,车辆外观、内饰要清洁、完好、无损,油量充足,性能良好,功能齐全
	文件准备	试驾安全告知书、试乘试驾路线准备、试乘试驾协议、试乘试驾意见调查表、试乘试驾记录表、试乘试驾检查表齐全无损
	人员准备	试驾专员符合试乘试驾要求、精神饱满;试驾人员携带自身有效驾驶证、身份证等证件,且符合试乘试驾要求
试乘试驾邀约	邀约方式	电话、进店、网络、报纸、广告、活动现场邀约
	邀约技巧	顺水推舟、验证质疑
试乘试驾静态展示	试乘试驾路线	应事先设定至少两条线路,并制成路线图。选择能充分展示车辆性能与特色的路线,且符合试乘试驾相关要求
	相关文件签署	认真讲解并签署相关文件
试乘试驾动态展示	路线体验	根据试乘试驾线路图,向客户解释试乘试驾流程和时间
	试乘体验	试乘试驾专员示范安全驾驶,确保车上人员系好安全带、乘坐舒适,并进行动态的产品介绍,凸显品牌产品的优势
	试驾体验	依照客户情况调整各项配备,提醒客户驾驶时注意安全,简单提醒体验重点性能,仔细倾听客户需求
尝试成交	顾客非常满意时	感谢客户试乘试驾,直接促成 + 感性推进
	顾客有新需求时	回答客户的提问,新需求 + 探寻 + 产品介绍 + 促成
	顾客不满意时	确认疑问及处理 + 新需求介绍 + 促成
试乘试驾注意事项	试驾前	检查胎压,确保车内无异味,提前热车更舒适
	试驾中	加减转弯要柔和,追求平顺、舒适,前后空间舒适
	试驾后	勿忘关车窗,填好记录表和调查表,三步谈判促成交

任务实施

活动 1 试乘试驾前准备

分组写出试乘试驾前准备的关键点,学生之间相互检查,并提出改进意见,完成表 7-2。

试乘试驾前准备　表7-2

试乘试驾前准备的关键点	试乘试驾准备检查	改 进 意 见

活动2　试乘试驾邀约

第一步　知识准备

（1）填写表7-3所列试乘试驾邀约的方式及其关键点。

试乘试驾邀约方式及关键点　表7-3

邀 约 方 式	试乘试驾邀约关键点
电话邀约	
进店邀约	
网络邀约	
报纸广告邀约	
活动现场邀约	
其他	

（2）写出试乘试驾邀约的技巧。

（3）通过小组讨论，写出试乘试驾邀约的表达方式，完成表7-4，并由其他小组检查，提出改进建议。

试乘试驾邀约表达方式 表 7-4

邀约方式	销售顾问表达方式	改进建议
电话邀约		
进店邀约		
网络邀约		
报纸广告邀约		
活动现场邀约		
其他		

第二步　任务实施

1. 情景描述

情景 1:李先生在某 4S 店看过某款车之后,看到网上评论该款车的动力性和舒适性差,你将如何邀约李先生进行试乘试驾?

情景 2:王女士来到某 4S 店看过车辆之后,对某款车比较满意,但与其他意向车型对比后,对该款车的价格不是很满意,因此迟迟难以决定下单。如果你是销售顾问,你将如何邀约王女士进行试乘试驾?

情景 3:客户李先生想购买某款汽车,于是到某 4S 店看车,希望能亲自体验该款车各方面的性能。李先生到店后由销售顾问小王负责接待,并为其安排试乘试驾。

情景 4:某 4S 店在开展新车上市宣传活动,你作为销售顾问,如何邀约第一次到店看车的客户参加新车型上市及试乘试驾的活动?

2. 情景分析

针对上述 4 个情景提出解决方案,完成表 7-5。

解决方案　　表7-5

情　　景	客户期望	解决方案
情景1		
情景2		
情景3		
情景4		

第三步　实战演练

根据在不同情景下的销售顾问表达方式，完成表7-6，由学生练习，并完成自检及互检。

销售顾问表达方式　　表7-6

情　　景	销售顾问表达方式	改进建议
情景1		
情景2		
情景3		
情景4		

第四步　总结反思

完成表 7-7 所列试乘试驾邀约失败原因分析及提出应对策略。

试乘试驾邀约失败原因分析及应对策略　　表 7-7

情　景	失败原因	应对策略
情景 1		
情景 2		
情景 3		
情景 4		

活动 3　试乘试驾静态展示

(1)写出试乘试驾静态展示的关键点。

----

(2)填写试乘试驾相关文件。

①试乘试驾路线图。

可以根据汽车 4S 店的实际情况,选择以下一种或几种组合的路线:

a. 路况良好,路线简单的乡村道路和高速公路。

b. 快速机动车道,车流量尽量小。

c. 市区道路和主干道。

d. 蜿蜒曲折、路况不佳、路面崎岖的乡村道路。

e. 蜿蜒曲折的乡村道路,对司机要求较高,但车流量小。

②完成表 7-8 所示试乘试驾协议书。

试乘试驾协议书 表 7-8

<table>
<tr><td>公司名称</td><td></td></tr>
<tr><td>试乘试驾车辆型号</td><td></td></tr>
<tr><td>试乘试驾车辆牌照号</td><td></td></tr>
<tr><td>试乘试驾路线</td><td></td></tr>
<tr><td>试乘试驾时间</td><td>年 月 日</td></tr>
<tr><td colspan="2">本人于 年 月 日在 （地点）自愿参加汽车试乘试驾活动，对此作出如下陈述与声明：
本人在试乘试驾过程中，将严格遵守国家及地方有关行车驾驶及乘车的一切法律和法规要求，并服从提出的一切指示，做到安全、文明驾驶，尽最大努力和诚意确保试乘试驾车辆的安全和完好。否则，对试乘试驾过程中造成的人身伤亡或他人财产的一切损失，本人将自行承担一切责任。
证件号：
驾驶证有效期： 试驾人签名：
联系地址： 日期 ：
联系电话： 销售顾问签名：</td></tr>
</table>

③完成表 7-9 所示试乘试驾检查表。

试乘试驾检查表 表 7-9

检 查 项 目	选 项	备 注
功能是否正常、无异响	是□ 否□	
有足够的汽油（10L）	是□ 否□	
车内外是否整洁、卫生	是□ 否□	
胎压是否合格	是□ 否□	
轮胎是否磨损	是□ 否□	
是否超过维护期	是□ 否□	
空调是否正常	是□ 否□	
音响调控是否正常	是□ 否□	
车险是否过期	是□ 否□	
是否有备胎	是□ 否□	
是否有行车工具	是□ 否□	

④完成表 7-10 所示试乘试驾记录表。

试乘试驾记录表

表 7-10

公司名称：　　　　　　××年××月

序号	销售顾问	客户姓名	客户电话	欲购车型	客户级别	试车日期	情况概要	联系日期	备注
1									
2									
3									
4									
5									

⑤完成表 7-11 所示试乘试驾客户满意度调查表。

试乘试驾客户满意度调查表

表 7-11

客户姓名		性别		年龄	
现用车型		试乘试驾车型		试乘试驾时间	
项目	试驾满意度(在下空中打“√”)				
	很满意	满意	一般	不满意	备注
1. 外观					
2. 内饰					
3. 爬坡力					
4. 起步加速性					
5. 行驶平稳性					
6. 制动灵敏性					
7. 配备					
8. 空调舒适性					
9. 越野通过性					
10. 座椅舒适性					
11. 车内空间感					
12. 操控性能					
其他：					
建议事项：					
注意事项：本表由销售顾问陪同客户试驾后请客户填写。					
销售顾问：		销售主管：			

客户在填写《试乘试驾意见调查表》过程中会回想刚才试乘试驾的感觉,从而加深对我们车辆的印象。

(3)小组互提改进建议。

活动4 试乘试驾动态展示

第一步 知识准备

(1)完成表7-12所示试乘试驾动态展示表。

试乘试驾动态展示 表7-12

试乘试驾动态展示	试乘试驾动态展示关键点
试乘试驾路线体验	
试乘阶段	
试驾阶段	
试驾后	

(2)完成表7-13所列试乘试驾动态展示表达方式。

试乘试驾动态展示表达方式 表7-13

试乘试驾动态展示	试乘试驾动态展示表达方式
试乘试驾路线体验	
试乘阶段	
试驾阶段	
试驾后	

(3)小组互提改进建议。

第二步 任务实施

1.情景描述

情景1:李先生来到某4S店看过汽车之后,对某款车的动力性能产生疑问,到店试乘试驾体验该汽车的动力性。如果你是销售顾问,如何在试乘试驾环节打消李先生的疑虑并尝试成交该汽车?

情景2:王女士来到某4S店看过汽车之后,对销售顾问介绍的某款车的节油性能和发动机噪声存有疑问。如果你是销售顾问,如何在试乘试驾环节打消王女士的疑虑并尝试成交该汽车?

情景3:李先生在网络上关注了某4S店的某款车后,到店参与试乘试驾活动。如果你是销售顾问,如何在试乘试驾环节向李先生展示该汽车的优异性能并尝试成交该汽车?

情景4:在新车上市宣传活动现场,王先生对新车型舒适性感兴趣,主动参加试乘试驾活动。如果你是销售顾问,如何在试乘试驾环节向王先生展示该汽车的舒适性配置,让王先生满意并尝试成交该汽车?

2.情景分析

针对上述4个情景,分析客户期望并提出解决方案,完成表7-14。

客户期望及解决方案 表7-14

内容	客户期望	解决方案
情景1		
情景2		
情景3		
情景4		

第三步 实践演练

根据不同情景下的销售顾问表达方式，完成表 7-15，由学生练习，并完成自检及互检。

销售顾问表达方式 表 7-15

情　　景	销售顾问表达方式	改进建议
情景 1		
情景 2		
情景 3		
情景 4		

第四步 总结反思

完成表 7-16 所列试乘试驾失败原因分析及提出应对策略。

试乘试驾失败原因分析及应对策略 表 7-16

试乘试驾	失败原因	应对策略
线路选择		
试乘失败		
试驾失败		
试驾后邀约谈判失败		

活动5 尝试成交

第一步 知识准备

(1)查阅资料,完成表7-17所列尝试成交关键点的表达方式。

尝试成交关键点表达方式 表7-17

尝试成交	关键点	尝试成交关键点表达方式
客户非常满意时	直接促成	
	感性推进	
	促成交易	
客户有新需求时	新需求探寻	
	产品介绍	
	促成交易	
客户有疑问时	确认疑问	
	处理疑问	
	新需求介绍	
	促成交易	

(2)完成表7-18所列尝试成交改进建议及表达方式,小组间互相检查并提出改进建议。

尝试成交改进建议及表达方式 表7-18

尝试成交	关键点	改进建议及表达方式
客户非常满意时	直接促成	
	感性推进	
	促成交易	
客户有新需求时	新需求探寻	
	产品介绍	
	促成交易	

续上表

尝试成交	关键点	改进建议及表达方式
客户有疑问时	确认疑问	
	处理疑问	
	新需求介绍	
	促成交易	

第二步 任务实施

1. 情景描述

情景1:李先生来到某4S店看过汽车,并对意向车型也进行了试乘试驾,并对意向车型的动态特性非常满意。假如你是销售顾问,你将如何促进该汽车的成交?

情景2:王女士来到某4S店对意向车型进行了试乘试驾,但对意向车型的转弯稳定性有疑问。假如你是销售顾问,你将如何处理王女士的疑问从而促进该汽车的成交?

情景3:李先生在网络上关注了某4S店的某款汽车,到店试乘试驾后,对该款汽车没有自动泊车配置稍有不满。假如你是销售顾问,你将如何处理李先生的不满从而促进该汽车的成交?

2. 情景分析

针对上述3个情景,分析客户期望并提出解决方案,完成表7-19。

客户期望及解决方案 表7-19

内容	客户期望	解决方案
情景1		
情景2		
情景3		

第三步 实战演练

根据不同情景下的销售顾问表达,完成表7-20,由学生练习,并完成自检、互检。

销售顾问表达方式　　表 7-20

情　　景	销售顾问表达方式	改进建议
情景 1		
情景 2		
情景 3		

第四步　总结反思

完成表 7-21 所列尝试失败原因分析及提出应对策略。

尝试失败原因分析及应对策略　　表 7-21

尝试成交	失败原因	应对策略
客户满意		
客户有新需求		
客户还有疑问		

任务评价

1. 情景描述

情景 1:客户李先生想购买某款汽车,于是到某 4S 店看车,希望能亲自体验该款车的各方面性能。李先生到店后由销售顾问小王负责接待,并为其安排试乘试驾。

情景 2:王女士带着同事来到某 4S 店看过车辆之后,对该车辆的导航系统和音响效果有疑问。如果你是销售顾问,如何邀约王女士来店完成试乘试驾促成交易?

情景 3:李先生在网络上关注了某 4S 店的某款汽车,一直担心该款汽车的空间太小。如果你是销售顾问,将如何邀约客户来店完成试乘试驾促成交易?

情景 4:在新车型上市宣传活动现场,赵小姐和其男朋友对新车型很感兴趣。你作为销售顾问,将如何邀约赵小姐和其男朋友进行试乘试驾活动并完成试乘试驾,促成交易?

2. 情景分析

针对上述4个场景,分析客户期望并提出解决方案,完成表7-22。

客户期望及解决方案 表7-22

内　　容	客户期望	解决方案
情景1		
情景2		
情景3		
情景4		

3. 情景演练

针对上述4个场景,按表7-23要求完成情景演练。

角色分配及演练要点 表7-23

情　　景	角色分配	演练要点
情景1		
情景2		
情景3		
情景4		

4. 评价

学习结束后,应及时对学习效果进行考核评价。为体现评价结果的有效性,评价采用自评、互评和教师评价相结合的方式，具体评价内容见表7-24。

学习评估表 表7-24

考核内容	评价要点	分值	得分
操作技能评定（80分）	试乘试驾车辆外观、内饰干净整洁，功能齐全，性能完好，确保车证、照、保险齐全	6	
	试乘试驾文件准备齐全	4	
	试乘试驾邀约并提醒客户携带相关证件	4	
	试乘试驾资料介绍、检验、填写签署正确	6	
	试乘试驾路线介绍及推荐正确	4	
	试乘前确保客户系好安全带、关好车门、乘坐舒适	6	
	试乘阶段有意识提醒客户体验关注点	4	
	试乘阶段有意识提醒客户体验车辆的优点	5	
	试驾前介绍车辆的操作功能和使用注意事项，是否确保客户系好安全带、关好车门、乘坐舒适	7	
	试驾阶段有意识提醒客户体验关注点	2	
	试驾阶段有意识提醒客户体验车辆的优点	7	
	试驾阶段有意识提醒客户注意安全	5	
	试乘试驾之后邀请客户填写试乘试驾调查	4	
	试乘试驾阶段让客户体验轻松愉快	6	
	试乘试驾之后有意识地尝试成交	4	
	尝试成交方法得当	6	
综合素质评定（20分）	能积极参与团队合作	4	
	能按要求做到现场6S管理	4	
	能严格遵守纪律	4	
	任务完成综合情况	8	
总得分			
学生互评	优点：		
	改进意见： 学生签名：		
教师评价	优点：		
	改进意见： 教师签名：		
学生总结	优点：		
	改进意见：		

拓展提高

(1)根据试乘试驾流程完成表7-25。

试乘试驾流程 表7-25

项目	试乘试驾前	试乘试驾中	试乘试驾后
创新事项			
禁忌事项			

(2)如何提高试乘试驾率和成交量?

任务八　报价成交

任务描述

李先生通过试乘试驾环节的体验，对意向车型非常满意，询问销售顾问该汽车的价格。作为销售顾问，接下来你要如何接待李先生完成该汽车的价格谈判？

学习目标

1. 能够根据报价成交的流程进行汽车报价，说出结合客户需求的报价方案；
2. 能够列举出购车费用的组成，能准确地推荐汽车保险和相关的保险费用，提高客户满意度；
3. 能够说出客户可能提出的异议，并能妥善处理客户的异议；
4. 能够规范填写购车合同，熟练解释合同主要内容，预估交车时间；
5. 能够运用价格谈判的原则和技巧完成价格谈判；
6. 能够运用报价成交的技巧抓住客户的心理，促成交易。

建议课时

24 课时

学习引导

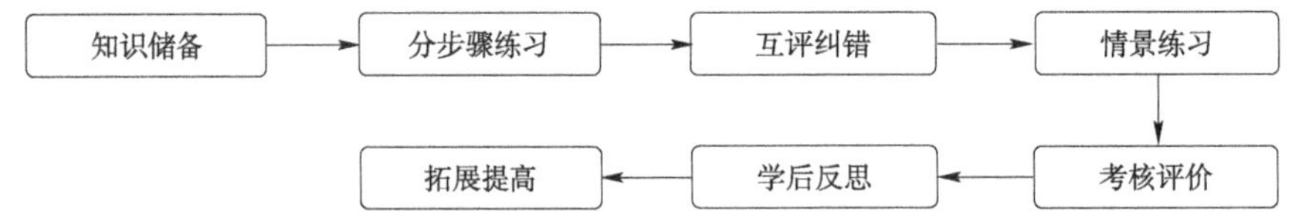

知识储备

一、报价成交的意义

销售顾问经过前面不懈的努力，开始进入与客户成交的实质性阶段，此时，销售顾问容易产生心理障碍，通常表现为不自信、小心翼翼、担心被客户拒绝，或者寄希望于客户主动提出成交等。优秀的销售顾问会遵循一定的成功方法和步骤，抓住或迎合客户的购买心理，针对客户需求提供规范的报价服务，并敏锐捕捉客户发出的购买信号，灵活运用报价成交技巧，适时提出购买建议，同时不断增强客户的购买信心，顺利引导客户达成交易。

报价成交是在销售顾问和客户建立充分信任后才展开的，通常关系到销售能否顺利成交，同时在这个阶段客户也会出现比较多的异议。因此，销售顾问应考虑到客户的实际需求，为客户提供规范的报价服务，并详细解说所有相关文件，让客户了解购车过程的全部信息，从而为客户营造轻松愉快的决策环境。

二、报价成交的流程

报价成交流程如图 8-1 所示。

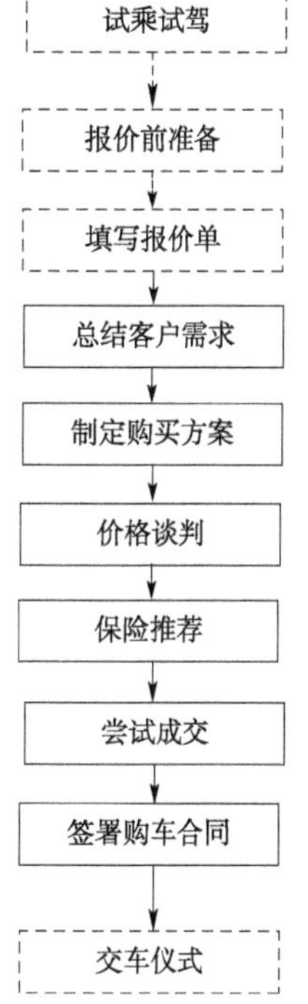

图 8-1 报价成交流程

三、报价成交的内容

(一)报价常见问题

1. 客户的心理

客户会有被骗、价格高和买后会后悔等心理。

2. 常见的异议

常见客户异议包括价格过高、能不能再便宜点、最多能优惠多少钱、价格是最低的吗、服务是最好的吗、能否办理一条龙服务等。

3. 产生异议的原因

销售顾问同客户未建立充分信任、对于购车相关问题未解释清楚、没有给客户足够的考虑时间、顾客对于购买还有疑虑、外界干扰等，都会使客户产生异议。

4. 异议的处理

抓住客户的购买动机，总结客户最关心的、适合客户的好处；强调一些超出客户期望的、适合客户需求的重点好处；利用人情拉近同客户的距离，争取客户的信任；介绍品牌服务及本店的增值服务。

(二)报价前准备

(1)了解库存及可供货情况、厂家销售政策及惠民政策补贴。

库存情况是指汽车 4S 店内已入库商品车的总量，可供货情况是指汽车 4S 店二级网点、在途车、已定未发车的总量。厂家优惠政策是指厂家会把汽车的价格根据销售的淡季、旺季进行调整，销售顾问应该掌握适时的销售政策。惠民补贴是指中央财政对消费者购买部分汽车的补助。

(2)熟悉产品的报价，能准确说明报价单的组成和规范填写报价单。

进行产品报价时，应该按照厂家统一规定报价，并结合厂家规定优惠金额进行优惠报价，再根据客户需求说明自己的权限及可申请的范围。制作的报价单要将所有可能商谈的内容进行整理，让客户了解所有消费项目、价格以及手续办理周期，明确车辆交付时间及交付内容。报价过程要说明汽车保险的费用及险种明细，按照规定说明汽车购置税、验车等相关费用,根据客户的购买方式说明贷款所产生的相关费用,正确、详尽计算各项费用并轻松、耐心地回答客户关心的问题。

(三)制定报价方案

对客户进行需求分析,主要从客户现用车型、家庭、决策者、使用者、职业、用途、意向车型、颜色、性能要求、兴趣爱好、预算、竞品和购买时间来确定客户的购买方案,确保提供的方案能让客户满意,使企业利益最大化。

(四)报价成交的技巧

准确判断报价成交的时机和购买的信号,销售顾问可利用相应的工具、原则和技巧进行价格谈判。

1. 报价成交的时机

在价格谈判过程中,要能准确判断报价成交的时机。顾客询问价格不等于顾客在进行价格商谈,销售顾问需再次确认客户的购买条件已经满足销售三要素(需求、购买力、信心)的要求。此外,价格商谈的时机不对,往往是战败的最主要、最直接的因素。

2. 报价成交的工具

销售顾问可充分利用报价单、保险费率表、分期贷款步骤明细、精品明细表、一条龙上牌流程图、建立信心的各种证明等来促进交易。

3. 购买信号地识别

销售顾问应能准确识别客户购买汽车的信号,如客户询问何时可以交付新车、询问售后服务内容、询问一条龙服务、询问新车交付细节、坐在展厅里沉思、在展车里不停观看、带亲人或朋友来看车、给朋友或家人打电话告知等细节。

4. 报价成交的原则

报价成交必须遵循价格商谈不是讨价还价、绝不见面就谈价、绝不谈价就打折、让步应有代价、谈价没有常胜将军等原则。

5. “三明治”报价法

“三明治”报价法的核心是说明价值比价格更重要的理念,建立价值与价格的平衡。

6. 让价的方法

让价是一步步让客户体验物有所值的心理过渡过程,所以必须讲究让价的方法。如不能太快接受对方价格、一次不能让步过大、牢记自己的让步次数不多于3次、夸奖对方以削弱对方讨价还价、没有得到交换永远不要轻易让步、让价的过程中要让客户有“赢”的感觉等。

7. 欲擒故纵计

与客户进行价格谈判要讲究策略,如提供时间与空间,让客户在展厅再考虑一下,或与亲朋好友协商;尽量制造机会,使客户在不离开展厅的情形下作出决定;总结一遍,明确车型满足该客户需求的优势;提出几个问题凸显品牌优势并请客户与竞争者对比;留出问题,明确何时回答客户;明确邀请客户在作出决定前再回展厅看一次等。

8. 抓住时机,尝试缔约

优秀的汽车销售顾问要鼓励客户作决定、赞美客户的眼光、利用短缺效应促成客户、通过示弱换取客户的同情。

9. 来日方长计

谈价过程中,不要急于成交,对客户提出的价格要适当表示遗憾与理解,给客户更多考虑的时间,建立并保持联系,排除外界干扰,欢迎对方介绍潜在客户等。

(五)购车费用组成

新车购车费用的组成见表8-1。

新车购车费用组成 表8-1

序号	名称	费用	办理机构
1	新车价格	实际成交价格	汽车4S店
2	精品附件	购买或赠送	汽车4S店
3	保险价格	实际费用	保险公司
4	上牌落户费用	车辆购置税费用 = 购车价格 ÷ 11.6	国家税务总局
		车船税(根据汽车排量收取)	当地车辆管理所
		拓号费	
		牌照、工本费	

四、报价成交工作操作规范

报价成交的工作流程规范与注意事项见表8-2。

报价成交工作标准、要求及方法与注意事项 表8-2

工作内容	标准、要求及方法	注意事项
发现客户购买信号	1. 把握时机,适时建议购买 当客户无意中流露出购买信号(行为或语言)时,销售顾问应把握机会,适时提出购买建议。 2. 主动促进,迎合客户购买心理 邀请客户到洽谈区,根据客户喜好准备好3种以上饮料供客户选择,根据客户的需求心理,建议购买的车型和配置	(1)注意观察客户的每一个细节,包括说话内容、方式,表情,准确判断客户的心理活动。 (2)能根据客户的心理,迎合客户的心理需求
车辆报价	为客户提供车辆配置目录,对客户关心的配置和车辆进行逐一报价,解释报价单上的每个项目,确保客户理解每个细节,遇到价格异议时尽量把客户引导到对车辆的价值认识和利益、好处上来,避免出现价格纠缠	(1)熟悉车辆的市场报价。 (2)明确客户购买需求、购买时间、购买方案再进行报价。 (3)至少准备两个报价方案供客户选择
介绍付款方式和保险方案	1. 介绍付款方式,供客户选择 向客户介绍付款方式,并向其讲解办理办法。 2. 介绍保险方案,供客户选择 向客户提供书面的车辆保险方案,以介绍推荐为主,咨询客户的选择,并提供引导服务	(1)熟悉企业的财务操作方式。 (2)会引导客户购买汽车保险

续上表

工作内容	标准、要求及方法	注意事项
帮助客户选车	1. 帮助客户挑选新车 根据客户的意向车型、颜色和配置，陪客户挑车，如果没有现货，与销售计划员确认到货时间。 2. 与客户商定交车时间 选好车后，与客户就交车时间达成一致，主动跟踪客户订购车辆状况，确保按时交付。 3. 感谢客户的选购	(1)尊重客户的一切选择，不干预客户的策略。 (2)主动和客户协商交车时间，确保按时交车
签署购车合同	1. 说明确认购车合同条款，明确付款条件 向客户说明确认购车合同和相关文件每个条款，并提醒注意事项，明确付款金额和付款条件，确认付款所需文件已经齐备，向客户核实通信地址、E-mail、联系方式等信息。 2. 签署购车合同及订购单 销售部长/主管对购车合同及订购单进行审核，与客户签署正式购车合同文本及订购单	(1)准确解释购车合同条款。 (2)规范填写购车合同，并让客户签字。 (3)客户签署合同并不表示讨论到此结束(感谢、告别)
引导客户完成购车手续	引导客户到财务办理付款事宜，当面清点现金和票据，赠送印有品牌标识的资料袋，与客户一起核对发票/收据上的客户姓名、日期、车辆规格、车辆价格、发票号码等，引导客户完成购车后续手续，如办理临时移动证等	(1)带领客户到财务处付款。 (2)认真核对发票信息的准确性。 (3)主动协助客户办理购车后手续
更新销售信息	1. 更新客户级别信息 当报价成交后，销售顾问应及时将客户级别信息更新为已成交客户或保有客户。 2. 更新销售管理看板	(1)及时更新客户信息和销售管理看板。 (2)确定交车时间和准备工作

任务实施

活动1　报价前准备

第一步　知识准备

写出报价前准备的关键点。

第二步　问题解决

写出报价前准备关键点的解决方案，完成表8-3。

报价前准备解决方案　　表 8-3

报价前准备		解决方案
车辆库存	有	
	无	
政策法规	有	
	无	
客户心理		
其他		

第三步　小组互提改进建议

活动 2　填写报价单

第一步　写出报价单上必须包括的内容事项

第二步　问题解决

查阅资料设计一份报价单,并完成自检自查及互检。

第三步　任务实施

1. 情景描述

情景 1:李先生到某 4S 店看过一台 12.98 万元的展示车后,对该车型非常满意,表示不需要贷款购车,但需要了解购车的合计费用,请你填写报价单并向李先生解释报价单。

情景 2:王女士到某汽车 4S 店看过一台 85.98 万元的展示车后,对车该型非常满意,但是王女士表示需要贷款购车,请你填写报价单并向王女士解释报价单。

情景 3:张先生到某 4S 店看过一台 66.88 万元的展示车,对该车型非常满意,但表示需要回家和家人商量是否要贷款购车,请你填写报价单并向张先生解释报价单。

2. 情景分析

针对上述 3 个情景进行客户期望分析,并提出解决方案,完成表 8-4。

解决方案 表 8-4

情 景	客户期望	解决方案
情景 1		
情景 2		
情景 3		

3. 情景练习

填写报价单销售顾问表达方式,完成表 8-5 及表 8-6。

销售顾问表达方式及改进建议 表 8-5

情 景	销售顾问表达	改进建议
情景 1		
情景 2		
情景 3		

报 价 单

表 8-6

<table>
<tr><td colspan="2">购 买 车 型</td><td></td><td>颜色</td><td></td><td>台数</td><td colspan="2"></td></tr>
<tr><td rowspan="5">应付款</td><td>车价</td><td></td><td colspan="5">附件精品</td></tr>
<tr><td>购置附加税</td><td></td><td>序号</td><td>项目</td><td>数量</td><td>单价</td><td>总价</td></tr>
<tr><td>保险费</td><td></td><td>1</td><td></td><td></td><td></td><td></td></tr>
<tr><td>精品附件</td><td></td><td>2</td><td></td><td></td><td></td><td></td></tr>
<tr><td>合计</td><td></td><td>3</td><td></td><td></td><td></td><td></td></tr>
<tr><td colspan="2">应付订金</td><td></td><td>4</td><td></td><td></td><td></td><td></td></tr>
<tr><td rowspan="3">余款</td><td>合计</td><td></td><td>5</td><td></td><td></td><td></td><td></td></tr>
<tr><td>现付</td><td></td><td>6</td><td></td><td></td><td></td><td></td></tr>
<tr><td>按揭</td><td></td><td>7</td><td></td><td></td><td></td><td></td></tr>
<tr><td rowspan="5">购置费明细</td><td>购置附加税</td><td></td><td colspan="3">合计</td><td colspan="2"></td></tr>
<tr><td>车船使用税</td><td></td><td colspan="5">按揭</td></tr>
<tr><td rowspan="2">上牌落户费</td><td rowspan="2"></td><td>车价</td><td colspan="4"></td></tr>
<tr><td>首付款比例</td><td colspan="4"></td></tr>
<tr><td>合计费用</td><td></td><td>首付款</td><td colspan="4"></td></tr>
<tr><td rowspan="8">保险明细</td><td>第三者责任险</td><td></td><td>贷款金额</td><td colspan="4"></td></tr>
<tr><td>车辆损失险</td><td></td><td>按揭年限</td><td colspan="4"></td></tr>
<tr><td>全车盗抢险</td><td></td><td>利率</td><td colspan="4"></td></tr>
<tr><td>车上人员责任险</td><td></td><td>月均还款</td><td colspan="4"></td></tr>
<tr><td>车身划痕损失险</td><td></td><td>总利息</td><td colspan="4"></td></tr>
<tr><td>玻璃单独破碎险</td><td></td><td rowspan="3" colspan="5"></td></tr>
<tr><td>不计免赔险</td><td></td></tr>
<tr><td>合计</td><td></td></tr>
</table>

有关汽车消费信贷，可参考本书任务十一的相关知识，汽车保险方面可参考本任务活动4的相关知识，购置费用明细及上牌落户费用可参考本书任务十一的相关知识，精品附件可参考汽车精品相关知识。

第四步　总结反思

针对上述3个情景分析失败原因及提出改进建议,完成表8-7。

失败原因分析及改进建议　　表8-7

填写、解释报价单	失败原因	改进建议
情景1		
情景2		
情景3		

活动3　报价成交技巧

第一步　知识准备

(1)根据交易洽谈的原则完成表8-8。

关键点的解决方案及改进建议　　表8-8

项　目	关键点	解决方案	改进建议
价格谈的前提	取得顾客的"相对购买承诺"		

续上表

项　目	关 键 点	解决方案	改进建议
充分的准备	确认顾客的购车需求		
	简单建立顾客的舒适感		
	忌立即进行价格谈判		
	谈判时间及细节把握		
其他			

(2)正确识别交易谈判时机，并提出解决方案及改进建议,完成表8-9。

识别交易谈判时机解决方案及改进建议 表8-9

项　目	关 键 点	解决方案	改进建议
交易谈判时机	关于车辆配置的具体问题		
	关于金融服务方案的具体问题		
	关于额外服务的问题		
	关于时间交付的问题		
	多次带上同伴前来		

续上表

项目	关键点	解决方案	改进建议
非交易谈判时机	随便指台汽车询问价格		
	进店询价		
	电话询价		
实现双赢	客户的利益		
	企业的利益		
	双方平衡点		

(3)运用价格谈判的技巧提出解决方案及改进措施,完成表8-10。

价格谈判的技巧解决方案及改进措施 表8-10

关键点	解决方案	改进措施
提出比你真正想要的价格还要高的价格		
步步为营		
客户提出价格后适当的时候表现出惊讶的态度		
扮演勉为其难的样子		
借助公司高层的威力		
条件交换法		
采用角色扮演的方式(好人或坏人)		
合同拟定法		
其他		

第二步　任务实施

1. 情景描述

情景1：某天下午，一对年轻人来到某4S店展厅，你作为销售顾问和他们交流，男青年随口问了一句："你们这里的车怎么卖？"你将如何接待这对年轻人？

情景2：某天上午，李先生打电话询问某款车的最低价格，你作为销售顾问，将如何接听李先生的电话？

情景3：张先生到某4S店看过展示车辆，并进行了试乘试驾，对意向车型非常满意。张先生询问车辆的价格，你将如何接待张先生？

情景4：王小姐到某4S店看过展示车，对意向车型非常满意，询问该汽车的价格，希望以最低的价格成交，并得到尽可能多的赠品。你将如何接待王小姐？

2. 情景分析

针对上述4个情景分析客户期望并提出解决方案，完成表8-11。

客户期望及解决方案　　表8-11

情　景	客户期望	解决方案
情景1		
情景2		
情景3		
情景4		

第三步　情景练习

针对上述4个情景，分别编写销售顾问表达方式，并提出改进建议，完成表8-12。完成后，由小组内学生进行自检及互检。

销售顾问表达方式　　表 8-12

情　　景	销售顾问表达方式	改 进 建 议
情景 1		
情景 2		
情景 3		
情景 4		

第四步　总结反思

针对上述 4 个情景,分析报价成交失败原因并提出改进建议,完成表 8-13。

报价成交失败原因分析及改进建议　　表 8-13

报价成交	报价成交失败原因	改 进 建 议
情景 1		
情景 2		
情景 3		
情景 4		

活动4　汽车保险推荐

第一步　知识准备

1. 常见汽车保险种及保险责任

常见汽车保险险种及保险责任见表8-14。

常见汽车保险险种及保险责任　　表8-14

种　类	险　种	保险责任	投保方式
国家强制保险	机动车交通事故责任强制保险(简称"交强险",必须购买)	在中华人民共和国境内(不含港、澳、台地区),被保险人在使用被保险机动车过程中发生交通事故,致使受害人遭受人身伤亡或者财产损失,依法应当由被保险人承担的损害赔偿责任,保险人按照交强险合同的约定对每次事故在相应赔偿限额内负责赔偿	执行全国统一条款和费率
基本险(可以独立投保)	机动车第三者责任保险	保险期间内,被保险人或其允许的驾驶人在使用被保险机动车过程中发生意外事故,致使第三者遭受人身伤亡或财产直接损毁,依法应当对第三者承担的损害赔偿责任,且不属于免除保险人责任的范围,保险人依照本保险合同的约定,对于超过机动车交通事故责任强制保险各分项赔偿限额的部分负责赔偿。保险人依据被保险机动车一方在事故中所负的事故责任比例,承担相应的赔偿责任	最高赔偿限额分为六个档次:5万元、10万元、20万元、50万元、100万元和100万元以上,且最高不超过1000万元投保
	机动车车辆损失险	保险期间内,被保险人或其他允许的驾驶人在使用被保险机动车过程中,造成被保险机动车的直接损失,且不属于免除保险人责任的范围,保险人依照保险合同的约定负责赔偿	新车按新车购置价投保,旧车按照车辆实际价值投保
	车上人员责任险	保险期间内,被保险人或其允许的驾驶人在使用被保险机动车过程中发生意外事故,致使车上人员遭受人身伤亡,且不属于免除保险人责任的范围,依法应当对车上人员承担的损害赔偿责任,保险人依照本保险合同的约定负责赔偿。保险人依据被保险机动车一方在事故中所负的事故责任比例,承担相应的赔偿责任	车上责任险的保险金额由被保险人和保险公司协商确定,按座位数投保,每个座位可投保,常见的保额有每人1万元、2万元、5万元和10万元四个价位可选,驾驶人和乘客的投保人数一般不超过保险车辆行驶本的核定座位数
	机动车全车盗抢保险	保险期间内,被保险机动车的下列损失和费用,且不属于免除保险人责任的范围,保险人依照本保险合同的约定负责赔偿: ①被保险机动车被盗窃、抢劫、抢夺,经出险当地县级以上公安刑侦部门立案证明,满60天未查明下落的全车损失; ②被保险机动车全车被盗窃、抢劫、抢夺后,受到损坏或车上零部件、附属设备丢失需要修复的合理费用; ③被保险机动车在被抢劫、抢夺过程中,受到损坏需要修复的合理费用	新车按照新车购置价投保,旧车按照车辆实际价值投保

续上表

种类	险种	保险责任	投保方式
附加险（须投保基本险才能投保）	车身划痕损失险	保险期间内，投保了本附加险的机动车在被保险人或其允许的驾驶人使用过程中，发生无明显碰撞痕迹的车身划痕损失，保险人按照保险合同约定负责赔偿	保险金额为2000元、5000元、10000元或20000元，由投保人和保险人在投保时协商确定
	玻璃单独破碎险	保险期间内，被保险机动车风窗玻璃或车窗玻璃的单独破碎，保险人按实际损失金额赔偿	按进口玻璃或国产玻璃投保
	自燃损失险	保险期间内，指在没有外界火源的情况下，由于本车电器、线路、供油系统、供气系统等被保险机动车自身原因或所载货物自身原因起火燃烧造成本车的损失。发生保险事故时，被保险人为防止或者减少被保险机动车的损失所支付的必要的、合理的施救费用，由保险人承担；施救费用数额在被保险机动车损失赔偿金额以外另行计算，最高不超过本附加险保险金额的数额	保险金额由投保人和保险人在投保时被保险机动车的实际价值内协商确定
	发动机涉水损失险	保险期间内，投保了本附加险的被保险机动车在使用过程中，因发动机进水后导致的发动机的直接损毁，保险人负责赔偿；发生保险事故时，被保险人为防止或者减少被保险机动车的损失所支付的必要的、合理的施救费用，由保险人承担；施救费用数额在被保险机动车损失赔偿金额以外另行计算，最高不超过保险金额的数额	本附加险每次赔偿均实行15%的绝对免赔率，不适用主险中的各项免赔率、免赔额约定
	不计免赔险	保险事故发生后，按照对应投保的险种约定的免赔率计算的、应当由被保险人自行承担的免赔金额部分，保险人负责赔偿	可分基本险不计免赔和附加险不计免赔
	机动车损失保险无法找到第三方特约险	投保了机动车损失保险后，可投保本附加险。投保了本附加险后，对于机动车损失保险中列明的，被保险机动车损失应当由第三方负责赔偿，但因无法找到第三方而增加的由被保险人自行承担的免赔金额，保险人负责赔偿	

2. 车辆投保注意事项

(1)投保不计免赔特约险；

(2)全险不等于全赔；

(3)投保时尽量不指定驾驶人和约定行驶区域为本省(自治区、直辖市)内；

(4)投保车损险时足额投保；

(5)汽车保险期限一般从投保的次日零时开始生效，不重复投保；

（6）最好在同一家公司投保交强险和商业险；

（7）车辆发生事故，需在现场拨打保险公司或汽车4S店电话；

（8）投保车辆保险需要购车发票、新车合格证、被保险人身份证或组织机构代码、车船使用税完税证明。

3. 常见险种的责任免除

根据常见险种的责任免除情况，完成表8-15。

常见险种的责任免除　　表8-15

种　类	险　种	责任免除
国家强制保险	交强险 （必须购买）	
基本险 （可以独立投保）	商业第三者责任险	
	机动车车辆损失险	
	车上人员责任险	
	全车盗抢险	
附加险 （须投附加险保基本险才能投保）	车身划痕损失险	
	玻璃单独破碎险	
	自燃损失险	
	发动机涉水损失险	
	不计免赔险	
	机动车损失保险无法找到第三方特约险	

4. 常见保险险种推荐表达

根据常见保险险种的推荐表达方式,完成表8-16。

常见保险险种推荐表达方式 表8-16

种类	险种	销售顾问推荐表达方式
国家强制保险	交强险 (必须购买)	
基本险 (可以独立投保)	商业第三者责任险	
	机动车车辆损失险	
	车上人员责任险	
	全车盗抢险	
附加险 (须投保基本险才能投保)	车身划痕损失险	
	玻璃单独破碎险	
	自燃损失险	
	发动机涉水损失险	
	不计免赔险	
	机动车损失保险无法找到第三方特约险	

5. 保费计算

根据不同保费的计算方法，写出基准保费计算公式及改进建议，完成表 8-17。

保费的计算方法及改进建议 表 8-17

序 号	险 种	基准保费计算公式	改进建议
1	交强险		
2	商业第三者责任险		
3	机动车车辆损失险		
4	车上人员责任险		
5	全车盗抢险		
6	玻璃单独破碎险		
7	车身划痕损失险		
8	自燃损失险		
9	发动机涉水损失险		
10	机动车损失保险无法找到第三方特约险		
11	不计免赔险		

6. 影响保费的因素

根据影响保费高低的因素，编写销售顾问针对上述因素的表达方式及改进建议，完成表 8-18。

影响保费高低因素表达方式及改进建议　　表 8-18

序　号	影响保费的因素	表达方式	改进建议
1			
2			
3			
4			
5			
6			
7			
8			
9			

第二步　任务实施

1. 情景描述

情景 1:王小姐决定到某 4S 店购买汽车用于上下班代步,她只想购买交通事故强制责任保险。作为汽车销售顾问,你将如何向王小姐推荐汽车保险?

情景 2:李先生对某 4S 店的越野车非常满意,决定购买汽车之后参加自驾游活动,但他只想购买交通事故强制责任保险和车辆损失险。作为汽车销售顾问,你将如何向李先生推荐汽车保险?

情景 3:张先生对车型和价格已经没有异议,但是他刚取得驾驶证,只想购买交通事故强制责任保险和车上人员责任险。作为汽车销售顾问,你将如何向张先生推荐汽车保险?

情景 4:陈小姐决定在某 4S 店购买汽车来用于日常百货的小本生意批发。她经常出入一些比较复杂的场所,认为第三者责任险比较重要。作为汽车销售顾问,你将如何向陈小姐推荐汽车保险?

情景 5:何先生住在乡下,购买汽车之后比较担心车辆的安全,他希望购买全车盗抢险。

作为汽车销售顾问,你将如何向何先生推荐汽车保险?

情景6:唐小姐刚刚取得汽车驾驶证,经常出入的路段路况比较复杂,她希望对保险有一个全方位的了解。作为销售顾问,你将如何向唐小姐推荐汽车保险?

2. 情景分析

针对上述6个情景进行客户期望分析并提出解决方案,完成表8-19。

客户期望分析及解决方案 表8-19

情 景	客 户 期 望	解 决 方 案
情景1		
情景2		
情景3		
情景4		
情景5		
情景6		

第三步　实战演练

针对上述6个情景编写销售顾问表达方式,并提出改进建议,完成表8-20。完成后,由小组内学生进行自检及互检。

销售顾问表达方式　　表8-20

情　景	销售顾问表达方式	改进建议
情景1		
情景2		
情景3		
情景4		
情景5		
情景6		

第四步　总结反思

针对上述6个情景,分析失败原因并提出改进建议,完成表8-21。

失败原因分析及改进建议　　表 8-21

情　景	失败原因	改进建议
情景 1		
情景 2		
情景 3		
情景 4		
情景 5		
情景 6		

任务评价

1. 情景描述

情景 1：张先生是某国企员工，在某 4S 店看过展示车，对意向车型非常满意。张先生向你咨询汽车的价格，你将如何与张先生沟通，说服张先生在某 4S 店购买保险，并通过赠送礼品从而达成交易？

情景 2：王小姐是某高校教师，在某 4S 店看过展示车进行并试乘试驾之后，对意向车型非常满意。但是，王小姐觉得车价偏高，你将如何与王小姐沟通，体现该车型物有所值，并说服王小姐在优惠价格的前提下购买汽车保险从而达成交易？

情景 3：李先生是某公司的总经理，在某 4S 店看过展示车，对意向车型非常满意。你将如何与李先生进行价格谈判从而达成交易？

2. 情景分析

针对上述3个情景,分析客户期望并提出解决方案,完成表8-22。

客户期望分析解决方案　表8-22

情　景	客户期望	解决方案
情景1		
情景2		
情景3		

3. 情景演练

针对上述3个情景编写销售顾问表达方式及改进建议,完成表8-23。完成后,由学生进行练习(其他组员拍摄视频供学生练习之后反思)。

销售顾问表达方式及改进建议　表8-23

情　景	销售顾问表达方式	改进建议
情景1		
情景2		
情景3		

4. 评价

学习结束后,应及时对学习效果进行考核评价。为体现评价结果的有效性,评价采用自评、互评和教师评价相结合的方式,具体评价内容见表8-24。

学 习 评 估 表　　表 8-24

考核内容	评价要点	分值	得　分
操作技能评定（80分）	熟悉库存车辆数量和车型	6	
	熟悉相关政策法规和惠民补贴	4	
	熟悉购车费用的组成	4	
	能准确地说出购车费用	6	
	能正确填写报价单	4	
	能为客户制定合适的购车方案	6	
	能正确识别价格谈判时机	4	
	取得客户“相对购买的承诺”	7	
	确认客户的购车需求	5	
	建立客户的舒适感	7	
	谈判过程中的时间及细节把握合理	5	
	能推销汽车保险	4	
	汽车保险方案的介绍合理	6	
	价格谈判技巧的应用合理	4	
	价格谈判实现双赢	8	
综合素质评定（20分）	能积极参与团队合作	4	
	能按要求做到现场6S管理	4	
	能严格遵守纪律	4	
	任务完成综合情况	8	
总得分			
学生互评	优点：		
	改进意见： 学生签名：		
教师评价	优点：		
	改进意见： 教师签名：		
学生总结	优点：		
	改进意见：		

拓展提高

(1)探讨价格谈判失败的原因及解决方案,完成表8-25。

价格谈判失败的原因解决方案 表8-25

序　号	失败原因	解决方案
1		
2		
3		
4		
5		
6		

(2)探讨保险推荐失败原因及解决方案,完成表8-26。

保险推荐失败原因解决方案 表8-26

序　号	失败原因	解决方案
1		
2		
3		
4		
5		
6		

(3)请列举各险种的责任免除和解决方法。

任务九　新 车 交 付

任务描述

通过多次交流和谈判，你的客户终于签单了，预计周末到4S店提车，你应该怎样做才能很好地完成交车服务呢？

学习目标

1. 能够熟练完成新车交付前的准备工作；
2. 能够按流程独立进行新车交付，帮助客户充分了解新车的操作和使用；
3. 能够熟练给客户介绍后续维护服务事项；
4. 能够增强团队意识。

建议课时

18课时

学习引导

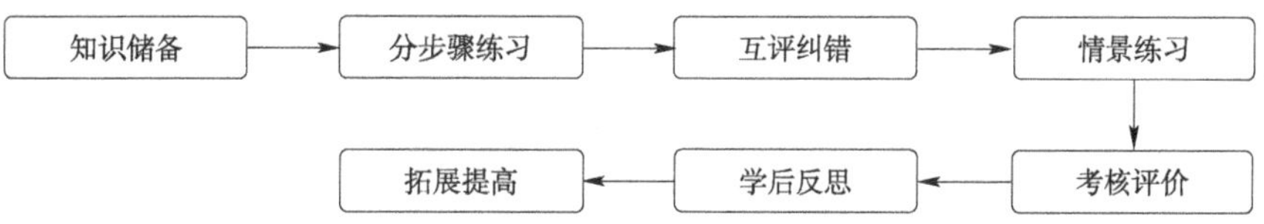

知识储备

一、新车交付的意义

在整个销售流程中，人与人的心情是不同的。对于销售顾问来说，最开心的时刻是和客户达成成交时；而对于客户来说，最开心的时刻莫过于新车完成交付后，获得了自己想要的汽车。显而易见，销售顾问的兴奋点和客户的兴奋点并不同步。

如果我们希望让客户在交付后感到满意，就必须让客户感受到我们对新车交付的重视。因此，交付活动既包括理性的层面，也包括感性的层面。理性的层面就是要保证提供完整的服务，而感性的层面就是要让客户感到满意，以建立和客户的长期业务关系。

新车交付的意义就在于该环节是汽车销售转向售后服务的关键一步，质量高的新车交付能弥补前期工作的不足，提高客户满意度，良好的新车交付过程是建立忠诚客户的基础。

二、新车交付的工作流程

新车交付工作流程如图9-1所示。

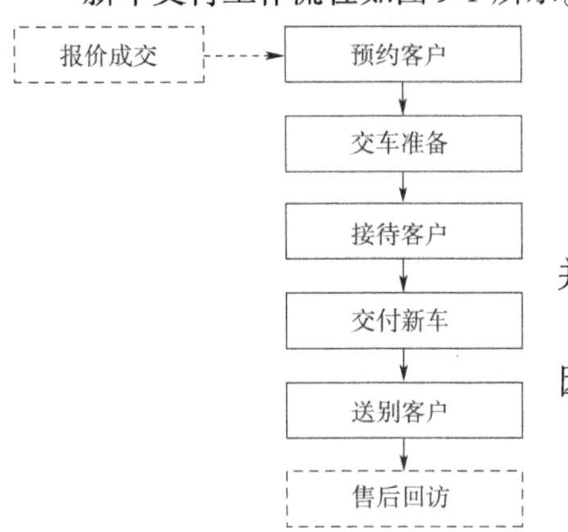

图9-1 新车交付流程

三、新车交付的工作内容

（一）预约客户

（1）交车前电话联系客户，确认交车时间、参与人员，并简要告知客户交车流程及交车时间；

（2）若交车日期推迟，应及时与客户联系，说明原因和处理方法，取得客户谅解并再次约定交车日期。

（二）交车准备

（1）4S店应设置专门的交车区，由专人负责整理清洁；

（2）销售顾问应确认客户的付款条件和付款情况，以及对客户的承诺事项；

（3）销售顾问应确认并检查车辆登记文件以及其他相关文件；

（4）销售顾问应需在交车前一天确认待交车辆的型号、颜色、附属品及基本装备是否齐全；确保车辆外观无损伤，车辆清洁；确认待交车辆上的车身号码和发动机号码是否与车辆合格证上登记一致；确认灯具、空调、转向灯及收音机是否操作正常；先行将待交车辆上的时间与收音机频道设定正确。

（三）接待客户

（1）交车客户到达时，销售人员应提前10min到门口迎接，态度热情；

（2）如客户开车到达，销售顾问应主动至停车场迎接，销售顾问在迎接客户时需保持面带微笑，并恭喜客户提车；

（3）销售顾问可先邀请客户至交车区看一下待交车辆，然后告知客户尚有手续要办，随后引领客户至洽谈桌，说明交车流程及所需时间。

（四）交付新车

1. 交车文件交付说明

（1）出示“客户交车确认表”，并解释说明其用意；

（2）各项费用的结算，上牌手续和票据交付；

（3）解释车辆检查、维护的日程，重点介绍提醒首次维护的服务项目和免费维护项目；

（4）利用“保修手册”说明保修内容和保修范围；

（5）介绍售后服务项目、服务流程及24h服务热线；

（6）移交有关物品，移交有关文件，如用户手册、保修手册、购车发票、车辆钥匙等，并请客户确认。

2. 实车操作说明

（1）销售人员陪同交车客户进行车辆实际检查；

（2）主动帮客户开启车门，并示意客户坐在驾驶座上，销售顾问坐在副驾驶座上；

(3)按客户对车辆的了解程度与特殊要求对操作使用方式进行说明。

3. 交车确认

(1)将客户再次引领到洽谈桌;

(2)与客户逐一核对交车确认表中所列内容,并请客户签字;

(3)准备客户资料袋,将所有证件、文件、手册、名片放入资料袋内,并将其交给客户;

(4)介绍销售经理、售后经理、和售后服务等相关人员与客户认识。

4. 交车仪式

(1)销售经理、售后服务经理、销售顾问、售后服务等相关人员列席参加交车典礼;

(2)销售顾问向客户赠送鲜花和有品牌 LOGO 图案的精美小礼物,并在新车前合影留念;

(3)销售展厅内其他空闲的工作人员应列席交车典礼并鼓掌以示祝贺。

(五)送别客户

(1)销售顾问应确认与客户的联系方式,并简述后续跟踪内容;

(2)提醒客户就近加油,并指明最近的加油站的具体位置,或陪同前往;

(3)为客户提供出门证明(提醒客户放在比较显眼或较好触碰的地方);

(4)根据客户去向,指导合理的行驶路线;

(5)客户离开时,销售经理、售后服务经理、售后人员和销售顾问应在展厅门外列席送客,直到客户开着车远离其视线为止;

(6)客户离去后,销售顾问应及时整理客户资料;

(7)预估客户到达目的地的时间,致电确认安全到达。

四、新车交付的操作要点

新车交付的操作要点及注意事项见表 9-1。

新车交付操作要点及注意事项 表 9-1

工作内容	操作要点	注意事项
预约客户	电话确认以下事宜: (1)具体交车时间; (2)随行人员; (3)提车用时; (4)提醒尾款数额并确定付款方式; (5)是否有特别需求	一般在交车前 3 天进行电话确认
交车准备	需要准备的内容有: (1)车辆:保证车辆内外清洁并停放在交车区; (2)文件、资料:购车合同、车辆合格证、使用说明书、维护手册等; (3)交车仪式:场地布置、人员准备(服务顾问、满意度调查人员、现场拍摄人员等)、鲜花或礼品等; (4)承诺事项及车辆出门证明	交车前 1 天准备好所有事项
接待客户	热情迎接,就交车流程和所需时间与客户进行沟通并得到客户认可	让客户感受到销售人员很重视并已经做好交车准备工作

续上表

工作内容	操作要点	注意事项
交付新车	新车交付内容： (1)验车：邀请客户一起进行新车 PDI 检测，检测完后请客户签字确认； (2)付款：对各项费用再次说明，询问是否采用之前谈好的付款方式，引导客户到收银台办理付款手续； (3)资料签署与移交：签署销售合同，移交车辆合格证、用户手册、维护手册、发票、车辆钥匙及条码、纳税申报表等，当面核对后请客户在新车交车确认单上签字； (4)产品功能、附件说明：向客户详细说明车辆的功能、附件，或根据顾客需求进行说明； (5)车辆使用及维护说明：向客户说明车辆的操作规范标准，明确告知首次维护里程及时间，或粘贴维护提示贴； (6)交车仪式：感谢客户支持、介绍服务经理、服务顾问、赠送鲜花并为新车系上大红花、进行满意度调查、拍摄交车视频或照片	车辆首次维护为 3 个月或 5000km，以先到为准
送别客户	(1)主动询问是否有潜在客户，请客户帮忙介绍； (2)提醒客户就近加油，并指明最近的加油站位置； (3)提供出门证明； (4)根据客户去向，提供合理的行驶路线； (5)若客户有需要可以提供陪同试车或送车服务； (6)送客户到门口，与客户握手并再次感谢客户	及时录入客户信息，做好售后回访工作

任务实施

活动 1　预约客户

第一步　知识准备

完成表 9-2 所列内容的准备工作。

预约客户知识准备　　表 9-2

预约方式	注意事项	具体内容
电话预约	礼仪	
	时间点	
	内容	

第二步　任务实施

根据表 9-3 所列关键点，填写预约任务表达方式及改进意见。

预约任务表达方式及改进意见 表 9-3

预约方式	关键点	表达方式	改进意见
电话预约	(1)确认具体交车时间； (2)确认同行人员； (3)说明提车所需时间； (4)提醒尾款数额及付款方式； (5)询问是否有特别需求		

第三步 电话预约

完成表 9-4 所列电话预约记录填写。

电话预约记录填写 表 9-4

电话记录	

第四步 总结

活动 2 交车准备

第一步 知识准备

完成表 9-5 所列内容的准备工作。

交车前准备 表 9-5

准备项目	具体内容或要求	
车辆	外部	
	内部	
文件、资料		
交车仪式		
其他		

第二步　任务实施

根据表 9-6 所列项目,填写交车任务实施记录,并判断是否达到标准。

交车任务实施　　表 9-6

环　节	项　目	实施记录	是否达到标准
交车前的准备工作	车辆准备	外部:	
		内部:	
	文件资料准备	(1) (2) (3) (4) (5) (6)	
	交车仪式准备	场地:	
		人员:	
		其他:	
	其他事项准备		

第三步　总结反思

分析未达到要求项目的具体内容及未达到要求的原因,并写出正确做法,完成表 9-7。

未达到要求项目内容、原因分析及正确做法　　表 9-7

未达到要求的项目	具体内容	原　因	正确做法

活动 3　接待客户及交付新车

第一步　知识准备

根据准备客户接待和新车交付的内容及标准的相关知识,完成表 9-8。

接待客户及交付新车知识准备　　表 9-8

环　　节	项　　目	具体内容及标准
接待客户	礼仪	
	交车流程说明	
交付新车	验车	
	付款	
	资料签署与移交	
	功能、附件说明	
	使用及维护说明	
	交车仪式	

第二步　任务实施

写出交车环节的对应表达方式,完成表 9-9。

交车任务实施　　表 9-9

环　　节	项　　目	表达方式	动　　作	是否达到标准
接待客户	交车流程说明			
交付新车	验车			
	付款			
	资料签署与移交			
	功能附件说明			
	使用维护说明			
	交车仪式			

第三步　总结反思

分析在交车实施中未达成的项目及原因,并给出正确做法,完成表 9-10。

新车交付未达到要求项目内容、原因及正确做法　　表 9-10

未达到要求的项目	具体内容	原　　因	正确做法

活动 4　送别客户

第一步　知识准备

完成表 9-11 所列内容的准备工作。

送别客户知识准备　　表 9-11

环　　节	关 键 点	具 体 内 容
送别客户	礼仪	
	话别	

第二步　任务实施

根据表 9-12 所列关键点，填写客户送别任务表达方式及改进建议。

客户送别任务实施　　表 9-12

环　　节	关　键　点	表 达 方 式	改 进 建 议
送别客户	(1)潜在客户转介绍； (2)加油提醒； (3)提供出门证明； (4)路线提示； (5)再次感谢，告别客户		

第三步　总结反思

根据客户离开时的表现，分析其出现原因，并提出应对策略，完成表 9-13。

客户离开时表现原因分析及应对策略　　表 9-13

环节	客户离开时表现	原　　因	应 对 策 略
送别客户	很开心		
	比较平淡		
	生气		

任务评价

1. 情景描述

情景 1：通过多次交流和谈判，你的客户终于签单了，预计周末到 4S 店提车，你应该怎样做才能很好地完成交车服务？

情景 2：王先生原本约在周六到店提车。但是由于新车还没有到店，王先生周六提不了车。如果你是销售顾问，你将怎样与王先生沟通并确认下次提车时间？

情景 3：周六下午天空飘着小雨，刘先生和夫人到店提车，你将怎样接待？

2. 情景分析

针对上述 3 个情景，分析销售顾问的关注点，并完成表 9-14 所列练习过程记录。

情 景 分 析　　表 9-14

情　　景	关注点分析	练习过程记录
情景 1		所选情景： 角色扮演： 销售顾问姓名： 客户姓名： 过程关键点记录： 改进建议：
情景 2		
情景 3		

3. 评价

学习结束后,应及时对学习效果进行考核评价。为体现评价结果的有效性,评价采用自评、互评和教师评价相结合的方式,具体评价内容见表9-15。

学习评估表 表9-15

考核内容	评价要点		分值	得分
操作技能评定 (80)	预约客户	(1)具体交车时间; (2)随行人员; (3)提车所需时间说明; (4)提醒尾款数额及付款方式; (5)询问是否有特别需求	5	
	交车准备	(1)车辆整洁干净并停放至交车区; (2)PDI 检测表; (3)交车确认表; (4)购车合同; (5)维护手册; (6)车辆出门证	7	
	接待客户	热情接待客户并引导客户至洽谈区	4	
		向客户提供饮品	4	
		向客户说明交车流程及所用时间	4	
		流程说明准确并关注客户感受	4	
	交付新车	邀请客户一起进行新车 PDI 检测,并在检测完毕后让客户签字确认	8	
		对款项再次进行说明并询问是否采用之前谈好的付款方式	5	
		签署与移交资料: (1)销售合同; (2)车辆合格证; (3)用户手册; (4)维护手册; (5)发票; (6)车辆钥匙及条码; (7)纳税申报表	14	
		移交完毕后让客户在新车确认单上签字	4	
		进行车辆功能、操作、附件及维护说明	7	
		交车仪式: (1)介绍服务经理、服务顾问等相关人员给客户; (2)进行满意度调查; (3)拍摄交车视频或照片	6	
	欢送客户	(1)询问潜在客户转介绍; (2)加油提醒; (3)提供出门证; (4)挥手微笑送别客户	8	

续上表

考核内容	评价要点	分值	得分
综合素质评定（20分）	沟通能力	5	
	服务意识	5	
	纪律遵守情况	5	
	团队合作参与度	5	
合计			
学生互评	优点：		
	改进意见： 学生签名：		
教师评价	优点：		
	改进意见： 教师签名：		
学生总结	优点：		
	改进意见：		

拓展提高

（1）思考客户交车时可能会担心什么？

（2）思考如何让客户在交车时对销售顾问留下深刻印象？

（3）思考在交车时向客户介绍服务顾问重要吗？为什么？

任务十　售后回访

任务描述

王先生已将车提走，销售顾问的工作是否已结束？如果你是销售顾问，你将如何得知王先生的客户满意度，并与王先生保持联系？

学习目标

1. 能够说出售后回访的流程、回访的内容和相关的注意事项；
2. 能够说出客户跟踪的方法，并使用合理的方法进行客户跟踪；
3. 能够熟练地对成交客户进行电话回访；
4. 能够及时准确记录客户的抱怨投诉，并进行妥当处理。

建议课时

6 课时

学习引导

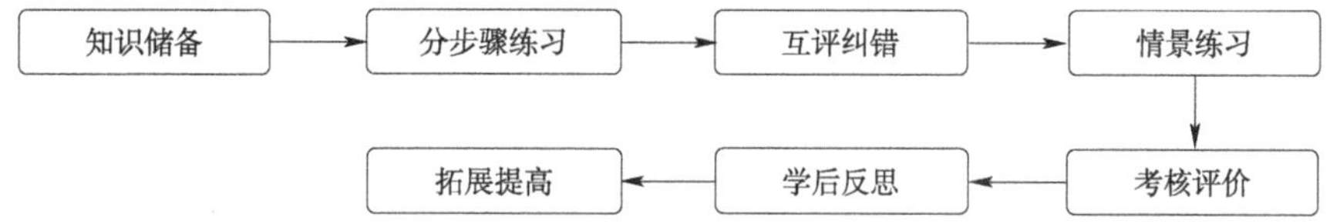

知识储备

一、售后回访的意义

销售活动真正的开始在成交之后，交车客户是经销商和销售顾问的宝贵财富。一方面，对于品牌的口碑宣传，车主具有绝对的发言权；另一方面，对于交车客户的管理与维系，是经销商及销售顾问客户资源管理意识和能力的重要体现，培养忠诚客户是经销商经营的必经之路。

新车交付后的回访工作是客户关怀计划的重要组成部分，是“以客户为关注焦点”的具体表现。售后回访跟踪的方法有：电话回访、短信问候或提醒、信函传递和亲自上门拜访等，通过客户跟踪活动可以取得以下效果：

(1)获取客户对我们的评价,进一步了解客户的需求,为经营服务决策和客户满意度评价和统计提供依据;

(2)实现网点与客户之间的沟通,及时发现客户的隐性抱怨,提前采取有效的措施改进工作,从而维系良好的客户关系;

(3)提升网点在客户心目中的亲和形象,有利于培养客户忠诚度和进行品牌宣传。

因此,售后回访跟踪的意义是继续促进彼此之间的长期关系,维持客户满意度,保证客户的回头率,为售后服务和进一步的销售工作做好铺垫。

二、售后回访流程

售后回访流程如图 10-1 所示。

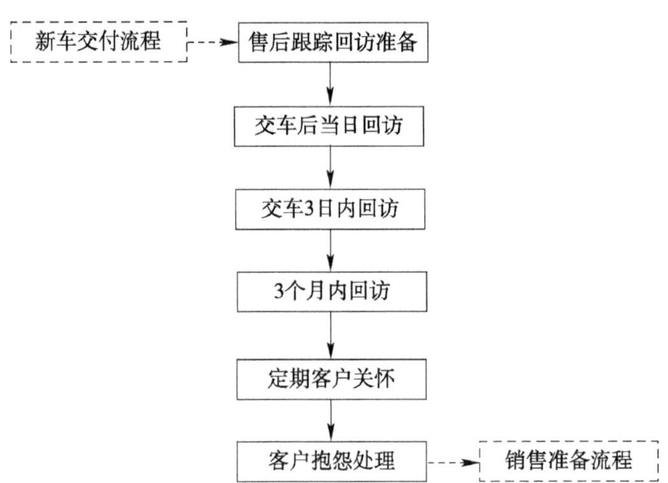

图 10-1 售后回访流程图

三、售后回访的工作内容

(一)售后跟踪回访的准备

(1)查阅客户基本信息,确认重点内容,包括姓名、电话、购买车型及投诉等,制定跟踪计划;

(2)准备跟踪文件。

(二)24h 内回访

(1)在交车 24h 内,询问客户服务是否满意并确认车况是否良好;

(2)如果出现问题,应先了解情况,向客户致歉,并提出解决方案;

(3)询问客户是否还有其他的问题,并告知客户可以随时联系销售顾问;

(4)提醒客户关爱专员会将再次联系客户,进行满意度调查,告知客户时常保持联系,并邀请他参加经销商的活动;

(5)回访完之后在系统里更新信息。

（三）3 日内回访

（1）向客户表示感谢，并询问使用情况；

（2）如果客户有抱怨，向客户致歉并按照抱怨处理流程解决客户抱怨；

（3）进行满意度调查，征询客户对服务的满意度的意见和建议；

（4）回访完成之后在系统里更新信息。

（四）3 个月内回访

（1）向客户表示感谢，并询问使用情况；

（2）如果客户有抱怨，向客户致歉并按照抱怨处理流程解决客户抱怨；

（3）询问客户目前行驶里程，进行首次维护预约；

（4）回访完成之后在系统里更新信息。

（五）定期客户关怀

（1）客户关爱专员或销售顾问应以恰当的理由，非常自然地与客户保持定期的联系；

（2）经常向客户提供最新和有附加值的信息（如新车、新产品信息，售后服务信息，精品、备件信息等），寻求各种机会促进客户来店，与客户保持持续的关系来促进客户购买新车。

（六）客户抱怨处理

如果客户对车或销售服务店表示不满，可运用以下几种方式进行处理：

（1）让客户随意地、完全地说出自己的不满；

（2）为给客户带来的不便表示歉意；

（3）用你自己的话重述一遍客户所说的内容，保证信息理解无误，同时使客户知道你已理解他的意思。

（4）把客户的担忧或投诉作为第一优先事项加以处理，如有需要，可寻求其他员工的帮助。

（5）弄清客户担忧或投诉的原因。

（6）提供解决方法来消除客户的担忧或投诉。

（7）询问客户是否可以接受自己提出的解决方法。

（8）如果不能解决客户的担忧或投诉，可询问客户是否可以等你去寻求支援或是否可以稍后再和他联系。

（9）感谢客户的参与，提出今后可随时为其提供任何帮助，并确认客户的联系方式。

（七）客户跟踪的方法

常见的客户跟踪方法有如下四种：

（1）电话跟踪；

（2）DM/电子邮件；

（3）微信、QQ、陌陌等网络跟踪方式；

（4）亲自拜访。

四、售后回访操作要点及注意事项

售后服务工作内容的操作要点及注意事项见表 10-1。

操作要点及注意事项　　表10-1

工作内容	操作要点	注意事项
新车交车后的跟踪回访	(1)销售顾问或相关岗位在交车后3日内与客户电话联系,关心新车使用情况; (2)交车后一周内,销售顾问将交车仪式的照片寄送给客户; (3)销售顾问需将客户反馈信息详实地记录在客户管理卡上; (4)4S店的市场部经理应在交车后一周内致电客户,进行购车致谢与客户满意度调查; (5)销售顾问应在客户对车辆使用状况有好感时,请其推荐有购车意愿的潜在客户	(1)销售顾问应该主动计算好客户到家/公司的时间; (2)致电表示关心和祝福,询问使用中遇到的问题并解答; (3)对于客户的意见或问题认真记录,并尽量于当天解决
定期客户关怀	(1)销售顾问应制定客户跟踪管理计划,销售经理每两周抽查一次,用电话、信件、短信或E-mail与客户保持联系,关心客户的用车情况; (2)交车后每3个月应主动联系客户了解其使用状况,每次跟踪后将用户信息填入客户信息管理卡,并及时更新; (3)主动请客户提供可能的潜在客户购买信息; (4)若有相关促销活动,主动、热情地邀请客户参加; (5)售后部门应做好客户维修及维护记录,每次跟踪前检阅客户信息,每3个月进行一次售后跟踪联络,提出规定时间和规定里程维护的邀请	(1)在回访中注意选择合适的时间,尽量避免在休息时间打扰客户,同时内容不宜过多重复及烦琐; (2)遇到客户问题时,应及时答复或处理,解决不了的要及时上报,严禁置之不理和推诿责任
客户抱怨处理	(1)认真倾听客户异议; (2)正视客户异议,适时响应,耐心倾听,态度谦和; (3)回答客户抱怨时,要尊重事实,有理有据,语气委婉,解答清楚	(1)把握时机给予解释; (2)婉转解答,消除异议; (3)避免争论,尤其不要与客户争执

任务实施

活动1　售后回访流程

第一步　知识准备

将售后回访的内容填写在表10-2中,并相互检查。

售后回访内容　　表10-2

项　目	具体内容	补充内容
售后回访准备		
当日回访		
3日内回访		

续上表

项　　目	具体内容	补充内容
3 个月内回访		
定期客户关怀		
客户抱怨处理		

第二步　任务实施

在售后回访的过程中,常遇到的问题会有哪些?针对这些问题应如何处理?

第三步　总结

活动 2　客户跟踪的方法

第一步　知识准备

客户跟踪的方法有哪些?哪一种方法是最常用的?

第二步　任务实施

请在表 10-3 中针对不同的售后服务内容,写出跟踪的方法、表达方式及改进建议。

售后跟踪方法、表达方式及改进建议　　表 10-3

项目内容	跟踪方法	销售顾问表达方式	改进建议
服务事项提醒			
征询客户意见			
持续开发客户需求			

第三步　总结

活动3　客户抱怨处理

第一步　知识准备

客户抱怨产生的原因有哪些？

第二步　任务实施

情景1:某客户:“怎么搞的嘛,十几万元的车才买了不到三个月,水箱就漏水了,你们必须给我一个说法,否则我就要请媒体来曝光!”

情景2:某客户:“买车不到一个月,前照灯灯罩里面有水气的问题还没解决,都修两次了,但一直还是老样子,干脆换了不就行了吗?”

情景3:某客户:“你们的服务热线总是没人接?”

根据上述3个情景,填写表10-4相关内容。

客户抱怨处理表达方式及改进建议　　表10-4

情　景	客户期望	表达方式	改进建议
1			
2			
3			

第三步　总结

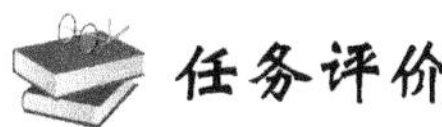

任务评价

1. 情景描述

情景1:王先生已将车提走,销售顾问的工作是否已结束?如果你是销售顾问,你将如何得知王先生的客户满意度,并与王先生保持联系?

情景2:某4S店为回馈已购车客户,即将组织一次自驾游的活动,要求各销售顾问从近半年来成交客户的资料中找几位比较有代表性客户到店参加此次活动。如果你是销售顾问,你会从哪方面着手并邀约客户参与活动?

2. 情景分析

根据以上2个情景,填写表10-5所列内容,之后与小组成员一起练习售后回访流程。

情景练习 表10-5

情景	客户期望	解决方案	表达
情景1			
情景2			

3. 评价

学习结束后,应及时对学习效果进行考核评价。为体现评价结果的有效性,评价采用自评、互评和教师评价相结合的方式,具体评价内容见表10-6。

学习评估表 表10-6

考核内容	评价要点	分值	得分
操作技能评定（80分）	售后回访前的准备工作	10	
	电话沟通礼仪	10	
	沟通中的应变能力	20	
	正面解答客户问题	10	
	请其推荐有购车意愿的潜在客户	15	
	客户抱怨的处理	15	
综合素质评定（20分）	能积极参与团队合作	4	
	能按要求做到现场6S管理	4	
	任务完成综合情况	8	
	能严格遵守纪律	4	
合计			
学生互评	优点：		
	改进意见： 学生签名：		
教师评价	优点：		
	改进意见： 教师签名：		
学生总结	优点：		
	改进意见：		

拓展提高

请你思考：

(1)车辆交付以后销售就算完成了吗？为何还要跟踪客户？

(2)你觉得成交客户有责任介绍他的朋友来4S店购车吗？

(3)在什么状况下，成交客户会介绍他的朋友前来购车？

任务十一　二手车业务

任务描述

随着市场经济的发展以及车辆更新速度的加快,办理二手车置换业务的客户越来越多。如果遇到想进行二手车置换的客户,你知道该怎么处理吗?

学习目标

1. 能够流畅地向客户介绍二手车置换业务;
2. 能够用重置成本法评估二手车车价;
3. 能够进行有效合作,形成独立思考和认真观察的良好习惯。

建议课时

5 课时

学习引导

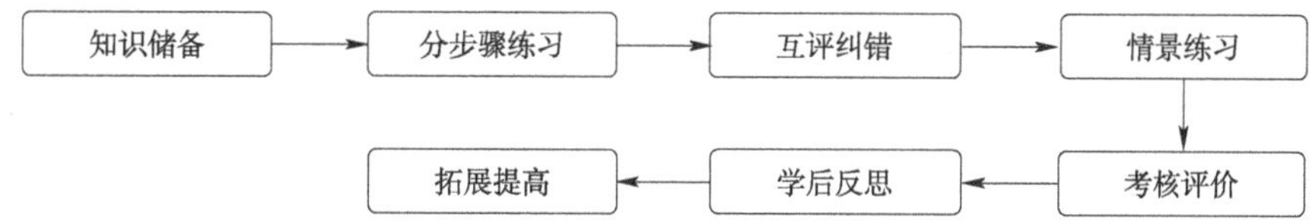

知识储备

一、二手车置换的意义

二手车是指办理完成注册登记手续,在达到国家制度报废标准之前,再次进入市场流通,转移所有权的汽车(包括三轮汽车、农用车)、挂车和摩托车。

二手车置换指客户用二手车评估值加上另行支付的车款从品牌经销商处购买新车的业务,俗称“以旧换新”。广义的二手车置换在以旧换新的基础上还包括了二手车整修、二手车跟踪、二手车再售和二手车按揭贷款等一系列业务,从而使之形成一种有机独立的营销方式。

汽车 4S 店开展二手车置换业务的意义在于:

(1)完善营销手段,促进新车销售;

(2)丰富服务品种,提升客户满意度;

(3)产生新车、二手车、售后服务联动效应,提高总体盈利水平。

二、二手车置换的工作流程

二手车置换的工作流程如图 11-1 所示。

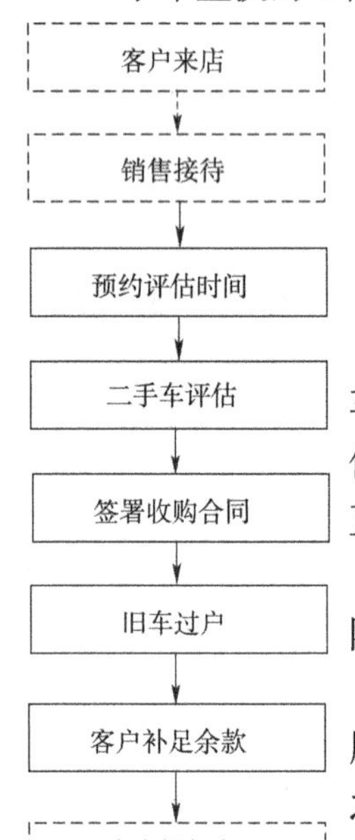

图 11-1　二手车置换流程

三、二手车置换的工作内容

(一)4S 店置换的运作模式及特点

4S 店置换具有如下运作模式及特点:

(1)置换不限品牌。

(2)让利增值置换。汽车置换授权经销商将汽车置换作为购买新车的一项增值服务,通常是以二手车市场的最高收购价格或者更高的价格,来确定客户要置换的二手车车价。经双方认可后,二手车的钱款直接冲抵新车价格。

(3)全程"一对一"置换。从旧车价格、过户手续,到新车购买、保险、牌照等过程全由授权经销商完成,保证效率和服务水准。

(4)拥有完善的售后服务,可提供包括保险、救援、替换车等售后服务,有的还提供更加个性化的车辆保值回购计划,解除客户的后顾之忧。

(二)涉及部门

二手车置换是一项多部门协作、全员参与的业务,其中销售顾问是判断客户是否符合置换条件的第一人。在二手车置换工作中,各部门职能分别是:

(1)新车销售部门:接待客户,挖掘置换要求,判断是否引荐评估师以及介绍新车。

(2)二手车部门:查定评估车辆,二手车收购,以及资料汇整、移交。

(3)售后服务部门:现场客户挖掘、数据库客户挖掘。

(4)客户关系部门:客户关系管理、邀约客户来店置换、整理潜在客户资料。

(三)二手车评估基本鉴定常识

二手车性能的鉴定需要专业的技术人员借助设备来进行。作为汽车销售顾问,我们要判断客户是否符合置换标准,除了看客户所持二手车单证是否齐全外,还可以从车辆外观进行简单的判断。

(1)通过观察发动机舱,对比车辆尺寸,大体判断车辆是否属于事故车。

(2)观看车辆整体感,特别留意各接缝是否匀称。

(3)查看车辆风窗玻璃出厂日期是否与整车出厂日期一致。

(4)查看车辆里程数、故障灯以及转向盘磨损程度。

(四)评估方法

1. 国内现状

我国对二手车的评估方法没有统一的标准,二手车估价法主要参照资产评估的方法,主要有重置成本法、收益现值法、现行市价法、清算价格法和快速折旧法五种。行业常用的方法是重置成本法，为增强学习的实用性，本节主要讲述重置成本法。

2. 重置成本法

重置成本法是指在现时条件下重新购置一辆全新状态的被评估车辆所需的全部成本（即完全重置成本，简称"重置全价"），减去该被评估车辆的各种陈旧贬值后的差额作为被评估车辆显示价格的一种评估方法。

重置成本的基本计算公式有如下两种：

（1）被评估车辆的评估值 = 重置成本 - 实体性贬值 - 功能性贬值 - 经济性贬值；

（2）被评估车辆的评估值 = 重置成本 × 成新率。

在上述两种计算方法中，第二种比较常用。在该方法中只要确定成新率，再确定被评估车辆在全新状态下的市价，就能计算出被评估车辆的评估值。车辆成新率对照见表 11-1。

车辆成新率对照表　　表 11-1

车　况	汽车技术状况描述	成新率(%)
很新	登记后不超过 1 年，行驶里程数不超过 2 万 km，没有缺陷，没有修理和买卖经历	90 ~ 95
很好	登记后不超过 3 年，行驶里程数不超过 60000km，漆面、车身和内部仅存在小瑕疵，没有机械问题	75 ~ 85
良好	登记后不超过 5 年，行驶里程数不超过 10 万 km，易损件已更换，在用状态良好	55 ~ 65
一般	行驶里程数不超过 16 万 km，需要进行某些修理或更换一些易损部件，动力性下降，油耗增加	35 ~ 50
尚可使用	处于运行状态的旧车，需要较多的维修换件，可靠性差，使用成本增加	15 ~ 30
待报废处理	基本达到或到达使用年限，通过车辆检测检查，能使用，但动力性、油耗、可靠性下降，排放污染和噪声污染达到极限	5 ~ 10

四、二手车置换的操作要点

二手车置换的操作要点及注意事项见表 11-2。

二手车置换操作要点及注意事项　　表 11-2

工 作 内 容	操 作 要 点	注 意 事 项
评估前	（1）销售顾问探寻客户有无进行二手车置换的需要； （2）销售顾问是决定客户车辆能否进行置换的第一人，应先从外观方面把关； （3）在车辆评估不要在价格上给客户太大期望； （4）询问单证是否齐全，包括购车发票、车辆登记证、车辆行驶证等	二手车置换不限品牌，不一定要与 4S 店经营品牌一致
二手车评估	二手车评估由专业的部门进行操作，销售顾问需掌握简单的评估方法	销售顾问要根据二手车好评估部门给出的车辆报价，做好与客户的对接
置换	（1）签署《收购合同》； （2）完成旧车过户，涉及资料包括车主身份证、购车发票、车辆登记证、车辆行驶证等； （3）补足余款并提车	旧车过户一定要保证资料齐全

任务实施

活动1　置换流程

第一步　知识准备

根据二手车置换流程填写表11-3。

知识准备作业表　　表11-3

环　节	具体内容
置换流程	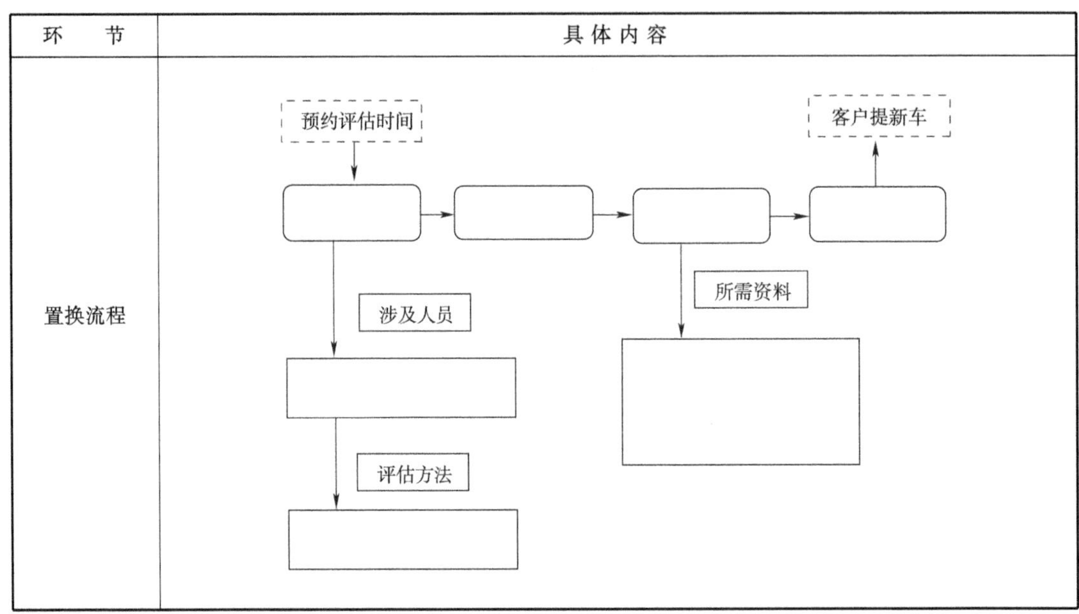

第二步　任务实施

根据表11-4所列关键点，填写任务实施作业的表达方式及改进建议。

任务实施作业表　　表11-4

环　节	关 键 点	表 达 方 式	改 进 建 议
流程介绍	（1）流程介绍； （2）4S店置换优势； （3）询问资料是否齐全		

第三步　总结反思

分析不能打动客户的原因，并编写应对表达方式，完成表11-5。

原因对策分析表　　表11-5

失　败	客 户 回 复	应对表达方式
不能打动客户	（例如：有熟人在做二手车，暂不考虑）	

活动2　重置成本法

第一步　知识准备

根据重置成本法相关内容填写表11-6。

知识准备作业表　　表11-6

环　节	具体内容			
重置成本法	公式			
成新率	90%～95%	车况：	登记年限：	行驶里程：
	75%～85%	车况：	登记年限：	行驶里程：
	55%～65%	车况：	登记年限：	行驶里程：
	35%～50%	车况：	登记年限：	行驶里程：

第二步　任务实施

根据表11-7所列重置成本信息，填写任务实施作业表。

任务实施作业表　　表11-7

环　节	重置成本	成新率	评估值区间	是否正确
计算	重置成本为120000元，车辆已登记6年，行驶里程12万km			

第三步　总结反思

分析计算错误的原因，并提出改进方式，填写表11-8。

计算错误原因分析及改进方式　　表11-8

	原　因	改进方式
计算错误		

任务评价

1. 情景描述

情景 1:吴女士 3 年前买了一辆奇瑞 QQ 轿车,主要用于上下班、接送孩子。其车况为:已行驶 9 万 km,在用状况良好;重置成本约 3 万元。她最近看上某品牌新推出的一款小型车,在家人陪同下来到该 4S 店了解该款新车,如果条件合适,吴女士打算换一辆新车,至于 QQ 车怎么处理还没有想好。如果你是销售顾问,当你了解她的这些情况后应怎么做?

情景 2:张先生在某 4S 店看上的一辆新车,但其之前的 POLO 车还没想好怎样处理。如果你是销售顾问,你会怎样建议张先生进行处理?

张先生的 POLO 车况:刚买一年,还比较新;重置成本 10 万元

情景 3:周先生最近看上了新上市的一款车,打算把之前在用的天籁车卖了再买一辆该款新车。他听说你们公司有二手车置换业务,之前他也到二手车市场了解过行情,今天他到你们公司具体了解情况,你会怎样接待他呢?

周先生的天籁车况:车辆已经买来 3 年,行驶里程已接近 6 万 km;重置成本 21 万元。

2. 情景分析

针对上述 3 个情景,完成表 11-9 中相关内容。

情景分析作业表　　表 11-9

<table>
<tr><th>情　景</th><th>关注点分析</th><th>练习过程记录</th></tr>
<tr><td>情景 1</td><td></td><td rowspan="3">所选情景:
角色扮演:
销售顾问姓名:
客户姓名:

过程关键点记录:

改进建议:</td></tr>
<tr><td>情景 2</td><td></td></tr>
<tr><td>情景 3</td><td></td></tr>
</table>

3. 评价

学习结束后，应及时对学习效果进行考核评价。为体现评价结果的有效性，评价采用自评、互评和教师评价相结合的方式，具体评价内容见表 11-10。

学习评估表 表 11-10

考核内容	评价要点	分值	得　分
操作技能评定（80分）	客户接待礼仪规范	5	
	主动提及二手车置换业务	5	
	流程介绍不存在错误	10	
	在介绍过程中突出在4S店进行置换的优势	5	
	先对车辆状况进行了解	10	
	询问客户证照是否齐全： （1）购车发票； （2）车辆登记证； （3）车辆行驶证	9	
	报价在对应情景的评估值区间	10	
	与客户议价过程较为专业	4	
	为客户计算出还需补足的余款	5	
	请客户出示以下资料： （1）车主身份证； （2）购车发票； （3）车辆登记证； （4）车辆行驶证	12	
	让客户签署《收购合同》	5	
综合素质评定（20分）	沟通能力	5	
	服务意识	5	
	纪律遵守情况	5	
	团队合作参与度	5	
合计			
学生评价	优点：		
	改进意见： 学生签名：		
教师评价	优点：		
	改进意见： 教师签名：		

续上表

学生总结	优点：
	改进意见：

拓展提高

二手车鉴定评估师是国务院公布的国家六类资产评估师之一，是二手车鉴定评估、交易业必备的资质。二手车鉴定评估师职业等级分为中级和高级两个等级，并实行统一编号等级管理。二手车鉴定评估师职业资格证书是相关人员求职、任职、晋升、包括开办二手车交易公司或评估机构等法律上的有效证件，可记入档案、全国通用。随着二手车市场的进一步发展和规范，二手车鉴定评估师职业资格证书将成为进入二手车经营、评估领域的必备通行证。

二手车鉴定评估师收入可观并且就业领域宽广，可以在二手车鉴定评估机构，资产评估、价格公估、审计机构，物价、司法机构，汽车 4S 店，二手车交易中心（市场）等单位与场所从事相关工作。

任务十二　汽车消费信贷业务

任务描述

购置车辆不一次性付清全部款项，而采用贷款的方式，这样的现象在生活中已经越来越普遍。如果你遇到想要贷款买车的客户，你会怎么做呢？

学习目标

1. 能够说出汽车消费信贷业务及政策；
2. 能够简单计算首付款、月供、利息等款项；
3. 能够准确说出贷款需要的证件资料；
4. 能够根据客户实际情况制订合理的信贷方案。

建议课时

5课时

学习引导

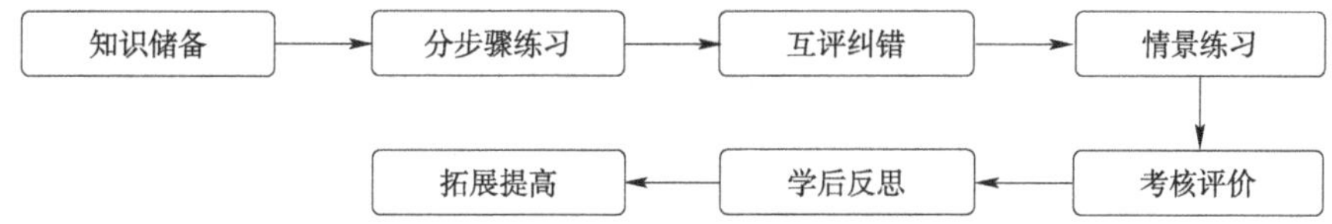

知识储备

一、汽车消费信贷的意义

(一)概述及意义

汽车消费信贷是指金融机构向申请购买汽车的用户发放人民币担保贷款，再由购买汽车人分期向金融机构归还贷款本息的一种消费信贷业务。

目前，我国申请贷款的途径有通过汽车金融公司贷款、银行贷款、担保公司贷款、信用卡分期付款等。通过汽车金融公司贷款的手续简便，在4S店就可以办理，申请速度快，审核门槛相对较低，且这种贷款方式一般由厂家联合经销商运行，因此经销商一般也比较推荐该种方式。

4S 店开展汽车消费信贷业务的意义在于能满足客户的不同需求，拉动消费，创造利润，同时丰富公司的业务类型。

(二)国内主要汽车金融公司

国内主要汽车金融公司基本情况见表 12-1。

国内主要汽车金融公司基本情况　　表 12-1

企　业	成立时间	股权属性
上汽通用汽车金融	2004 年	中外合资
大众汽车金融(中国)	2004 年	外商独资
丰田汽车金融(中国)	2005 年	外商独资
福特汽车金融(中国)	2005 年	外商独资
戴姆勒-克莱斯勒汽车金融(中国)	2005 年	外商独资
东风标致雪铁龙汽车金融	2006 年	中外合资

在金融公司贷款购买车辆，新车贷款期限一般不超过 5 年，二手车一般不超过 3 年。必须注意的是，贷款购买的车辆在投保时必须购买全险。

二、汽车消费信贷的工作流程

汽车消费信贷的工作流程如图 12-1 所示。

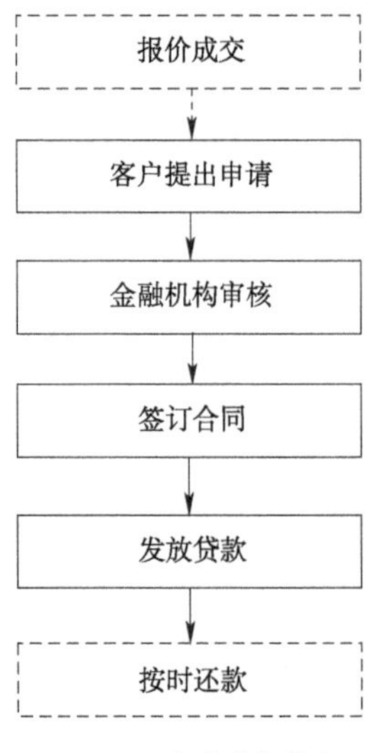

图 12-1　汽车消费信贷流程

三、汽车消费信贷的工作内容

(一)客户提出贷款购车申请时要提交的资料

客户提出贷款购车申请时，需要提交以下资料：

(1)汽车消费信贷申请表；

(2)申请人身份证明(已婚的还需提供配偶身份证明)；

(3)收入证明(需盖公章)；

(4)近 6 个月的银行对账单或存款明细(需盖公章)；

(5)房产证或其他房产证明；

(6)婚姻证明；

(7)用于扣款的银行卡资料。

(二)款项计算方式

汽车消费信贷主要涉及的款项有首付款、月供(每月还款额)、贷款金额、利息等，各类计算方式见表 12-2。

汽车消费信贷款项计算方式　　表 12-2

名　称	计算方式	备　注
首付款	车全款 × 首付款比例	首付款比例一般不低于 30%
贷款金额	车全款 − 首付款	贷款金额需为“千元”的整数倍，实行“多付少贷”
月供	根据金融政策而定	不同金融公司政策不同
利息	月供 × 月数 − 贷款金额	计算出来为总利息

案例：已知某贷款车辆新车全款为 8.8 万元，相应金融公司政策见表 12-3，请计算首付款、贷款金额、月供和利息。

某金融公司金融政策　　表 12-3

贷款期限	首付款比例	客户利率	万元系数
1 年	不低于 35%	0%	0
2 年	不低于 40%	0%	0
3 年	不低于 30%	4.81%	296

注：该金融政策为促销政策，贷款 1 年期、2 年期均享受免息，本案例为方便讨论不再列出贷款 1 年期、2 年期有利率的情况，其有利率的计算方法参照 3 年期。

(1)方案一：首付 35%，1 年还清。

首付款 = 车全款 × 首付款比例 = 88000 × 35% = 30800(元)；

贷款金额 = 车全款 − 首付款 = 88000 − 30800 = 57200(元)。

由于贷款金额必须是“千元”的整数倍，故实际首付金额为：30800 + 200 = 31000(元)，实际贷款金额为：57200 − 200 = 57000(元)。

月供 = 57000 ÷ 12 = 4750(元)；

利息 = 0。

(2)方案二：首付 40%，2 年还清。

计算方法及要点跟方案 1 一样，此处略过。

(3)方案三：首付 30%，3 年还清。

首付款 = 车全款 × 首付款比例 = 88000 × 30% = 26400(元)；

贷款金额 = 车全款 − 首付款 = 88000 − 26400 = 61600(元)。

由于贷款金额必须是“千元”的整数倍，故实际首付金额为：26400 + 600 = 27000(元)，实际贷款金额为：61600 − 600 = 61000(元)；

月供 = 贷款金额(万) × 万元系数 = 6.1 × 296 = 1805.6(元)；

利息 = 月供 × 月数 − 贷款金额 = 1805.6 × 36 − 61000 = 4001.6(元)。

四、汽车消费信贷的操作要点

汽车消费信贷的操作要点及注意事项见表 12-4。

汽车消费信贷操作要点及注意事项　　表 12-4

工作内容	操作要点	注意事项
流程	(1)申请：需客户提出，申请表为纸质，由金融公司提供，委托 4S 店办理； (2)审核：审核由金融公司进行，4S 店信贷专员需将被审核资料以扫描或寄件的方式提交金融公司； (3)签订合同：审核通过后，双方签订借款合同、担保合同及相关抵押合同(以新车所有权作为抵押)； (4)发放贷款：金融机构审批同意发放的贷款，手续办理完毕后，金融机构按照合同约定以转账的形式直接将款项划入汽车经销商的账户； (5)按期还款：借款人按借款合同约定的还款计划、还款方式偿还贷款本息	发放贷款的过程是由金融公司直接将款项转入汽车经销商账户，不经过申请人
款项计算	款项计算根据不同的金融政策进行	贷款金额必须是“千元”的整数倍

任务实施

活动 1　信贷流程

第一步　知识准备

根据信贷流程相关知识,填写表 12-5。

知识准备作业表　　表 12-5

环　　节	具 体 内 容
信贷流程	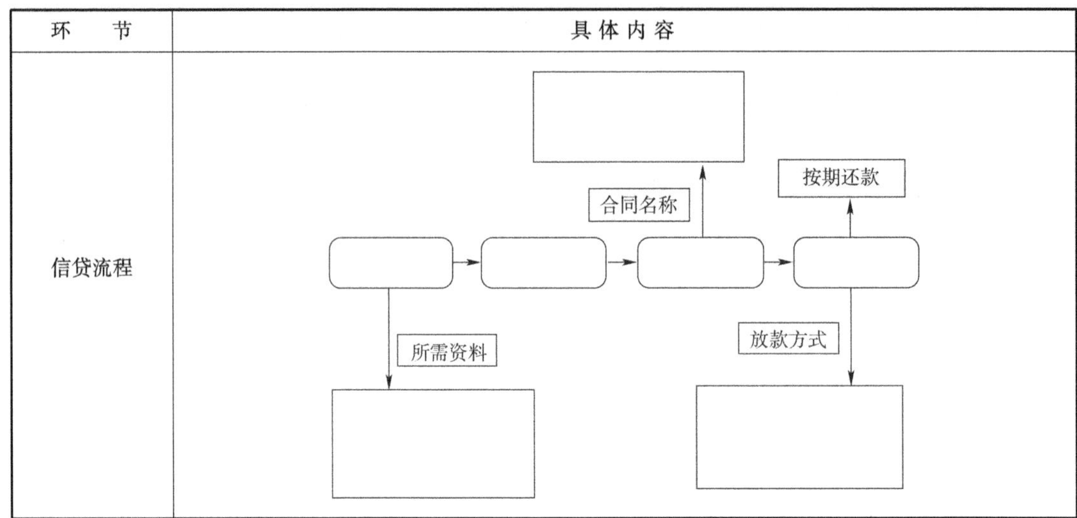

第二步　任务实施

根据表 12-6 所列关键点,编写任务实施作业表达方式及改进意见。

任务实施作业表　　表 12-6

环　　节	关　键　点	表 达 方 式	改 进 意 见
流程介绍	(1)流程介绍; (2)所需资料		

第三步　总结反思

分析不能打动客户的原因,并提出改进建议,填写表 12-7。

原因分析及改进建议　　表 12-7

失败情形	客 户 回 复	改 进 建 议
不能打动客户	(例如:贷款手续太麻烦了。)	

活动 2　款项计算

第一步　知识准备

根据款项计算公式,填写表 12-8 相关内容。

知识准备作业表　　　表 12-8

款　项	计算公式	注意事项
首付款		起贷比例：
贷款金额		贷款金额必须是(　　)的整数倍
月供		月供(　　)贷款金额/月数 (括号选填 >，<，=，≥，≤)
利息		利息 =

第二步　任务实施

案例：已知某贷款车辆新车全款为 12 万元，相应金融公司政策见表 12-9。客户的月收入在 5000 元左右，请你为他推荐一款适合的信贷方案，并说明理由，完成表 12-10。

金融公司政策表　　　表 12-9

贷款期限	首付款比例	客户利率	万元系数
1 年	不低于 30%	0%	0
2 年		3.68%	432
3 年		6.65%	296

任务实施作业表　　　表 12-10

方　案	理　由	改进意见
贷款期限： 首付款： 贷款金额： 月供： 利息：		

第三步　总结反思

分析在上述计算过程中未考虑充分的因素，并提出合理方案，完成表 12-11。

原因分析及拟采取的合理方案　　　表 12-11

	未考虑充分的因素	合理方案
方案选择不当		

任务评价

1. 情景描述

情景 1：客户李小姐在你工作的 4S 店看上了某款新车，经初步交流后了解到，李小姐很喜欢这款车，也迫切希望拥有一辆车，方便自己的生活。可是她现在手头的积蓄不够一次性付清，也不想考虑其他车型。如果你是销售顾问，你会建议李小姐怎么做？

(注：新车价为 12.98 万元，李小姐月收入在 6000 元左右，相应金融公司政策见表 12-12)

情景 2：张先生在你工作的 4S 店看上一辆新车，但他刚工作没几年，手头的积蓄不够一次性付清,如果你接待了他,你会怎么做?

(注:新车价为9.8万元,张先生月收入为4000元左右,相应金融公司政策见表12-12)

情景3:周先生最近看上了你工作的4S店新上市的一款车,也有能力付全款,听说你们还推出了信贷业务,比较好奇,想了解一下。如果你接待了他,你会怎么做?

(注:新车价为20.98万元,周先生月收入为1万元左右,相应金融公司政策见表12-12)

金融公司政策表 表12-12

活 动	贷款期限	首付款比例	客户利率	万元系数
半付半贷	1年	50%	0%	0
0利息	2年	不低于40%	0%	0
低利息	3年	不低于30%	6.56%	296

2.情景分析

针对上述3个情景,填写表12-13。

情景分析作业表 表12-13

情 景	关注点分析	练习过程记录
情景1		所选情景: 角色扮演: 销售顾问姓名: 客户姓名: 过程关键点记录: 改进建议:
情景2		
情景3		

3.评价

学习结束后,应及时对学习效果进行考核评价。为体现评价结果的有效性,评价采用自评、互评和教师评价相结合的方式,具体评价内容见表12-14。

学习评估表

表 12-14

<table>
<tr><th>考核内容</th><th>评价要点</th><th>分值</th><th>得　分</th></tr>
<tr><td rowspan="8">操作技能评定
(80分)</td><td>客户接待礼仪规范</td><td>6</td><td></td></tr>
<tr><td>主动提及汽车信贷业务</td><td>7</td><td></td></tr>
<tr><td>流程介绍不存在错误</td><td>10</td><td></td></tr>
<tr><td>在介绍过程中突出在4S店贷款买车的优势</td><td>7</td><td></td></tr>
<tr><td>对客户收入状况进行了解</td><td>7</td><td></td></tr>
<tr><td>明确告知客户申请时需要提交以下资料：
(1)汽车消费信贷申请表；
(2)申请人身份证明(已婚的还需提供配偶身份证明)；
(3)收入证明(需盖公章)；
(4)近6个月的银行对账单或存款明细(需盖公章)；
(5)房产证或其他房产证明；
(6)婚姻证明；
(7)用于扣款的银行卡资料</td><td>21</td><td></td></tr>
<tr><td>为客户设计的信贷方案合理</td><td>10</td><td></td></tr>
<tr><td>明确告知客户以下款项金额：
(1)首付款；
(2)贷款金额；
(3)月供；
(4)总利息</td><td>12</td><td></td></tr>
<tr><td rowspan="4">综合素质评定
(20分)</td><td>沟通能力</td><td>5</td><td></td></tr>
<tr><td>服务意识</td><td>5</td><td></td></tr>
<tr><td>纪律遵守情况</td><td>5</td><td></td></tr>
<tr><td>团队合作参与度</td><td>5</td><td></td></tr>
<tr><td>合计</td><td colspan="3"></td></tr>
<tr><td rowspan="2">学生评价</td><td colspan="3">优点：</td></tr>
<tr><td colspan="3">改进意见：
学生签名：</td></tr>
<tr><td rowspan="2">教师评价</td><td colspan="3">优点：</td></tr>
<tr><td colspan="3">改进意见：
教师签名：</td></tr>
<tr><td rowspan="2">学生总结</td><td colspan="3">优点：</td></tr>
<tr><td colspan="3">改进意见：</td></tr>
</table>

 拓展提高

汽车之家成立于 2005 年 6 月，是全球访问量最大的汽车网站。汽车之家为广大汽车消费者提供买车、用车、养车及与汽车生活相关的全程服务，以全面、专业、可信赖、高互动性的内容，多层次、多维度地影响着广大汽车消费者，是我国最具价值的互联网汽车营销平台。

汽车之家提供关于汽车金融信贷的项目——信贷计算器，可以很好地帮助大家学习本任务相关知识。

任务十三　上牌落户服务

任务描述

如果客户委托你帮忙办理上牌落户手续,你知道怎么做吗?

学习目标

1. 能够准确说出新车上牌落户的流程;
2. 能够准确说出新车上牌落户需要的资料;
3. 能够准确说出新车上牌落户的费用和相关政策。

建议课时

6 课时

学习引导

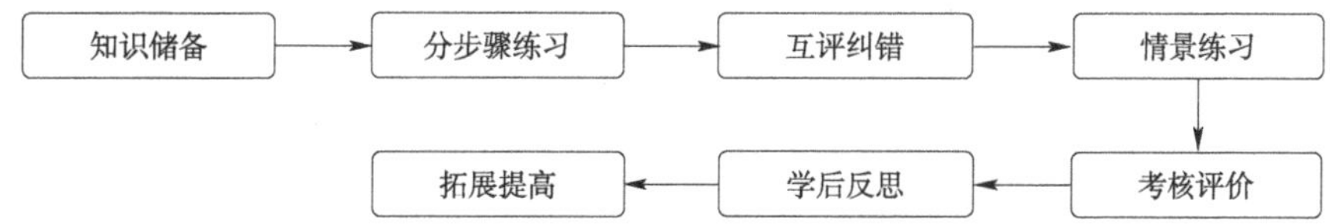

知识储备

一、开展新车上牌落户服务的意义

据调查,很多车主在购买新车之前,其实对新车上牌落户没什么概念。新车上牌落户主要会涉及车辆登记所在地的主管税务机关及车辆登记所在地的车辆管理所两个部门,一般要经过资料准备、交纳保险、购买车辆购置税、验车、选取车牌号码、交费领证等过程,每一个过程都会涉及一些具体的事项。

4S 店开展新车上牌落户服务极大地方便了客户,不仅提高了客户满意度,还提升了客户忠诚度。

二、新车上牌落户的工作流程

新车上牌落户的工作流程如图 13-1 所示。

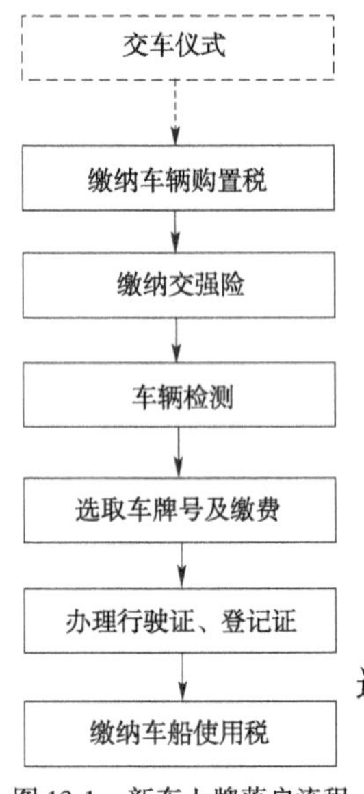

图 13-1 新车上牌落户流程

三、新车上牌落户的工作内容

(一)新车上牌落户所需资料

办理新车上牌落户需要以下资料：

(1)车主身份证原件及复印件；

(2)机动车注册申请表；

(3)购车发票原件及复印件；

(4)车辆合格证原件及复印件；

(5)经办人(车主没来)身份证原件及复印件；

(6)机动车销售统一发票四联(注册登记联)；

(7)国产机动车的《车辆整车出厂合格证》,进口机动车的《货物进口证明书》；

(8)车辆购置税的完税证明或者免税证明；

(9)车辆发动机编号和车价号的拓印件。

(二)税费计算方式

新车相关税费可由如下方式进行计算：

(1)车辆购置税:车辆购置税 =(新车全款 ÷1.17)×10%；

(2)交强险:交强险为950元/年；

(3)车船使用税:车船使用税以当地实际价格为准。

(三)新车上牌落户的注意事项

虽然进口机动车和部分国产轿车、小型、微型载客汽车已经纳入免检范围,但国产轿车免检车型相对较少。新政实施后,所有的国产轿车都可以免检,新车免检范围为轿车和备注了“新车免检”字样的小型车、微型载客汽车及两轮摩托车。

免检不等于直接上牌,新车免检并不意味着可以直接去上牌。目前,“免检”只是省去了上检测线的一些项目,新车上牌前还是必须到检测现场检验外观、拍照和拓号。

车辆手续不全、无牌照上路不仅违法,而且在发生事故后不属于保险责任范围,因此这种情况最好不要上路行驶。

新车在落户之前不能够改变车辆外观,比如贴汽车膜等。

四、新车上牌落户的操作要点

新车上牌落户的操作要点及注意事项见表 13-1。

新车上牌落户操作要点及注意事项　　表 13-1

工作内容	操作要点	注意事项
缴纳车辆购置税	交费地点:国家税务总局； 所需材料:二维条形码、车辆合格证、报税联、组织机构代码	缴纳完毕后领取车辆购置税完税证明

续上表

工作内容	操作要点	注意事项
缴纳交强险	交费地点:保险公司	交强险为交通强制保险,必须购买
车辆检测	(1)检测地点:当地车辆管理所指定地点; (2)检测项目:环保外观检测、照相、拓号、尾气检测、安全检测; (3)所需资料:车辆合格证、组织机构代码、交强险副本、委托书、复印件、注册登记联、车架号、发动机号拓印件	检测合格后方可办理上牌
选取车牌号及交费	(1)选取方式:机选、自选; (2)费用:120 元左右,各地区有差别	自选费用要高于机选
办理行驶证、登记证	办理地点:当地车辆管理所	必须办理

任务实施

活动 1　新车上牌落户流程

第一步　知识准备

根据新车上牌落户相关知识,填写表 13-2。

知识准备作业表　　表 13-2

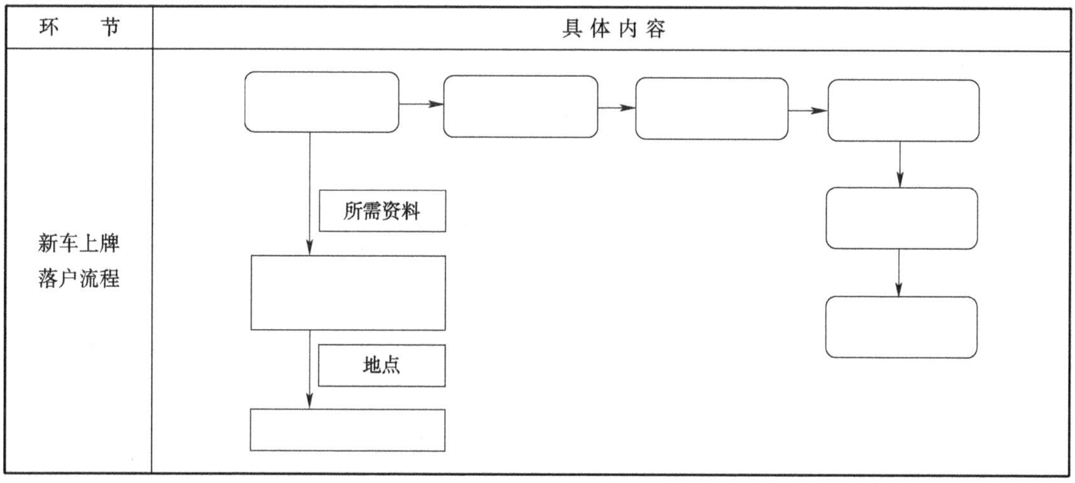

第二步　任务实施

根据表 13-3 所列关键点,编写任务实施作业表达方式和改进意见,完成表 13-3。

任务实施作业表　　表 13-3

环　节	关 键 点	表 达 方 式	改 进 意 见
流程介绍	(1)流程介绍; (2)所需资料		

第三步　总结反思

根据新车上牌落户流程中出现的遗落及错误，分析其产生的原因，并提出改进建议，完成表 13-4。

遗漏及错误原因与改进建议　　表 13-4

遗漏及错误	原　　因	改 进 建 议

活动 2　税费计算

第一步　知识准备

根据税费计算相关知识，填写表 13-5。

知识准备作业表　　表 13-5

税　　费	计 算 方 式
车辆购置税	
交强险	
车船税	

第二步　任务实施

案例：已知某车辆新车全款为 12 万元，该车为 5 座排量为 1.5L 的家用轿车。根据以上信息填写表 13-6。

任务实施作业表　　表 13-6

税　　费	金　　额	是 否 正 确
车辆购置税		
交强险		
车船税		

第三步　总结反思

分析计算过程中计算错误的款项及原因，并提些改进建议，完成表 13-7。

计算错误原因及改进建议　　表 13-7

计算错误的款项	错 误 原 因	改 进 建 议

任务评价

1. 情景描述

情景 1:客户李小姐在你工作的 4S 店购买了一辆 5 座、排量为 1.5L 的家用轿车,该车的新车价为 9.88 万元。李小姐由于工作忙没时间,想请你帮忙办理上牌落户,你该怎样就这一事项与李小姐进行交谈?

情景 2:周先生在你工作的 4S 店购买了一辆 5 座、排量为 1.8L 的轿车,该车的新车价为 12.98 万元。但是李先生不懂上牌落户需要些什么手续,也不知道如何做,因此,他选择在 4S 店代办。如果你是接待他的销售顾问,你应该怎么做?

情景 3:王先生在你工作的 4S 店购买了一辆 5 座、排量为 2.5L 的 SUV,该车的新车价为 25.98 万元。王先生委托你一周后帮忙办理上牌落户手续,但他提出想先给汽车贴膜,此时你应该怎么做?

2. 情景分析

针对上述 3 个情景,填写表 13-8。

情景分析作业表 表 13-8

情景	关注点分析	练习过程记录
情景 1		所选情景: 角色扮演: 销售顾问姓名: 客户姓名: 过程关键点记录: 改进建议:
情景 2		
情景 3		

3. 评价

学习结束后,应及时对学习效果进行考核评价。为体现评价结果的有效性,评价采用自评、互评和教师评价相结合的方式,具体评价内容见表 13-9。

学习评估表 表13-9

考核内容	评价要点	分值	得分
操作技能评定（80分）	客户接待礼仪规范	10	
	与客户交流过程中出现常识性错误	10	
	明确告知客户以下费用： (1)车辆购置税； (2)交强险； (3)车船税	9	
	以下费用计算正确： (1)车辆购置税； (2)交强险； (3)车船税	15	
	资料告知齐全： (1)车主身份证原件及复印件； (2)打印机动车注册申请表； (3)购车发票原件及复印件； (4)车辆合格证原件及复印件； (5)经办人(车主没来)身份证原件及复印件； (6)机动车销售统一发票四联(注册登记联)； (7)国产机动车的《车辆整车出厂合格证》,进口机动车的《货物进口证明书》； (8)车辆购置税的完税证明或者免税证明； (9)车辆发动机编号和车价号的拓印件	36	
综合素质评定（20分）	沟通能力	5	
	服务意识	5	
	纪律遵守情况	5	
	团队合作参与度	5	
合计			
学生评价	优点：		
	改进意见： 学生签名：		
教师评价	优点：		
	改进意见： 教师签名：		
学生总结	优点：		
	改进意见：		

 拓展提高

思考:若客户想自己办理上牌落户手续,但一时又抽不出时间,而在这段时间里客户又想用车,作为销售顾问,你该怎么办?

任务十四　网 络 营 销

任务描述

网络影响着我们生活的方方面面，随着选择网购的人越来越多，怎样运用好网络资源也是一门必修课。

学习目标

1. 能够说出网络营销的由来及优势；
2. 能够运用网络营销的方法和技巧制定营销方案。

建议课时

4 课时

学习引导

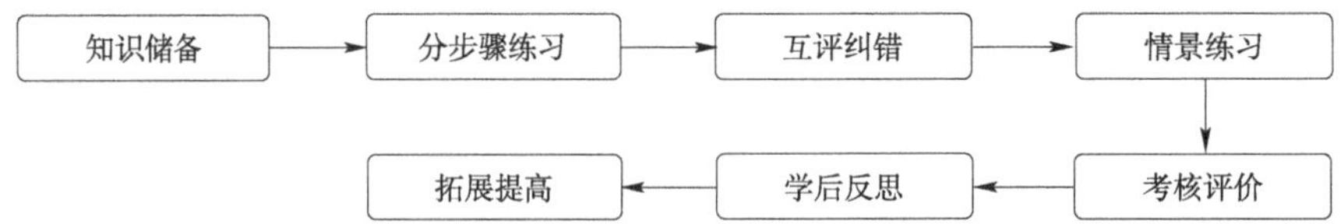

知识储备

一、汽车网络营销概述

(一)汽车网络营销的由来

美国次贷危机引发的金融海啸蔓延至中国后，面对低迷的汽车市场，汽车生产商和销售商纷纷寻找新的营销策略和出路。

2008 年 11 月 13 日，新浪汽车在我国首次推出其整合多项优势资源、颠覆传统营销理念的全新购车工具——网上 4S 店。这是一种全新的购车方式，通过整合文字、图片、视频、音频、互动、网络导航等多种演示手段，彻底颠覆了业界传统的购车方式，为汽车终端销售市场带来一场全新的变革。

(二)网络营销顾问

1. 定义

网络营销顾问是指具有电子商务网络营销的专业知识，可以为传统企业或网络企业提供网络项目策划咨询、网络营销策略方法、电子商务实施步骤等服务建议和方案，或代为施行以求达到预期目的的人。

2. 服务内容

网络营销的服务内容包括网络营销定位、网络品牌与地面品牌策略、网络营销推广多媒体整合方案等。

二、汽车网络营销优势及意义

汽车网络营销的优势及意义主要体现在如下方面：

(1)网上4S店最大限度整合了文字、图片、音频、视频和网络技术，特别是网络独具的3D功能为生产商品牌的推广和宣传提供了创新营销平台。

(2)网上4S店能够发挥自身整合优势，3D画面和立体三维图像不仅带给受众焕然一新的感受，同时视觉效果更加立体、直观，更是带给用户身临现场的感受。

(3)网上4S店展厅通过发挥3D技术的优势，使汽车能够多维度展现在受众面前，从而促使客户更为直观感受车的整体外观、车体结构和乘坐空间，使品牌得到全面展示。

三、汽车网络营销方法

(一)与专业网购商城合作

这种方法是指汽车厂商与专业的网购商城，例如与淘宝、天猫、京东等电商平台合作，以期到达共赢。

(二)设计出专供产品

专供产品指所设计的产品只针对网络消费者购买，而非网购者没有购买权。

(三)与专业汽车4S店合作

与专业汽车4S店合作能满足客户线上订车，线下支付提车和线上直接支付的需求，待上述需求得到满足后，再到4S店办理相关手续。未来，该种营销方法还能实现送车上门服务。

四、汽车网络营销技巧

网络营销的主要目的，一是提高品牌的知名度和影响力，从而获得更多的潜在客户；二是提高销量。要达到这两个目的，需要掌握一些技巧。

(一)网络推广平台的选择

地方论坛、地方贴吧、汽车网站(例如易车网、汽车之家、新浪、腾讯等)、微博、QQ群、QQ空间、微信群、抖音、快手等平台的使用率较高，也涉及具有针对性的汽车频道，因此选用这些平台做网络推广能够收到较好的效果。

(二)推广方法

(1)不定时发布广告、促销信息、公司动态、公司活动等。

(2)不定时进行评论和跟帖回复，并植入广告信息和链接，吸引点击和关注。

(3)不定时介绍一些汽车常识、维护常识等,使平台能够时刻保持较高的关注率。

(三)推广技巧

(1)不要发布重复信息。

(2)标题要简单明了。

(3)描述要尽可能详细。

(4)图片要清晰,但也要控制好流量,保证打开速度。

(5)及时更新。

(6)选对、选准关键词。

(7)找对类目,方便搜索。

(8)对产品创建分类系列。

(四)方案设计技巧

(1)反差式,可以尝试将两个含义相反的词语放在一起制造出反差,从而吸引关注。

(2)大胆式,可以超越常规逻辑,在不伤害品牌形象前提下,尽可能创造争议性话题,依法进行网络讨论,从而扩大影响。

(3)秘密式,可以制造假象,发布揭秘型的帖子或文章,从而引起关注。

(4)极端式,用"最+形容词"这样的标题,融入作者强烈的感情,进而引发读者关注和共鸣。

(5)煽情式,通过一些让人感动流泪、记忆深刻的文字及照片,触动网友心灵、情感。

(6)幽默式,利用幽默制造娱乐效果,并引发大家转载,增强传播力度。

五、信息维护

信息维护是指保持信息处于适合使用的状态,其目的是保证信息的准确、及时、安全和保密。

信息维护是信息管理的重要环节,也是网络营销的重要工作。后台工作人员要定期梳理线上客户的反馈信息,做好跟踪记录,整合线上资源与线下资源,扩大客户容量。

任务实施

活动1　方案设计

第一步　知识准备

根据网络营销相关知识,填写表14-1。

知识准备作业表　　表14-1

项　目	具体内容
网络营销方法	

续上表

项　　目	具体内容
汽车网络营销技巧	1. 推广平台
	2. 方案设计技巧

第二步　任务实施

根据表14-2所列推广平台，提出方案设计思路与改进建议。

任务实施作业表　　表14-2

推广平台	方案设计思路	改进建议
微信		
微博		
汽车网站		
网上商城		

第三步　总结反思

根据不同平台的改进建议，提出最终方案设计思路，完成表14-3。

设计思路作业表　　表14-3

改进建议	最终方案设计思路
微信：	
微博：	
汽车网站：	
网上商城：	

活动2　方案实施

第一步　知识准备

根据网络营销相关知识，填写表14-4。

知识准备作业表　　表 14-4

项　目	具体内容
推广方法	
推广技巧	

第二步　任务实施

自选某一品牌及平台,设计具体方案及文案,并提出改进建议,填写表 14-5。

任务实施作业表　　表 14-5

自选品牌	选定的平台	具体方案及文案	改进建议

第三步　总结反思

根据改进建议,设计最终方案及文案,完成表 14-6。

改进建议作业表　　表 14-6

改进建议	最终方案及文案

任务评价

1. 情景描述

最近刘先生工作很忙,他没有时间去 4S 店,但又迫切地需要购买一辆车,所以刘先生想通过网络搜索出相关信息,找到最让他满意的一款车型。

假设你是销售顾问,请你设计出某一品牌汽车 4S 店的网络营销方案,要求:

(1)方案尽可能在网络上方便且易搜索;

(2)方案能够尽可能地吸引你的客户,让他成为你的潜在客户。

2. 情景分析

根据所描述的情景,完成表 14-7。

情景分析作业表 表 14-7

情景分析	方案设计
	选择的平台： 方案设计思路： 改进建议及意见：

3. 评价

学习结束后，应及时对学习效果进行考核评价。为体现评价结果的有效性，评价采用自评、互评和教师评价相结合的方式，具体评价内容见表 14-8。

学 习 评 估 表 表 14-8

考核内容	评价要点	分值	得分
操作技能评定（80%）	方案编写认真	10	
	方案合理	15	
	方案可操作性高	20	
	方案吸引力大	25	
	方案具有针对性	10	
综合素质评定（20%）	课堂参与度	10	
	遵守纪律情况	10	
合计			
学生评价	优点：		
	改进意见： 学生签名：		
教师评价	优点：		
	改进意见： 教师签名：		
学生总结	优点：		
	改进意见：		

拓展提高

汽车网络营销既要做好内容、情势、视觉表示、广告知求的创意,同时也要摸索技术上的创新。同时,准确的市场服务定位是营销网站取得胜利并不断进步的关键因素。在我国广告业网络媒体中,要让网站在相对长的时间中坚持在行业中处于领先,就需要一个有着立足现有、放眼未来的完全构架。网站服务的目的不但要定位在广告公司、广告媒体、广告主及广告相干行业,更要对发展目的和服务功效进行研究,以全面拓展其市场容量和收益空间。

服务永远是网站吸引顾客的手腕。放眼我国专业汽车网站的长远发展,不但要把网站构架完整,对行业的服务与业内交换工作也必须做到位,这样才会使自己的品牌与内涵得到更好的传播。同时,还要注重汽车网络服务的差别化。在内容发布、信息互动等方面要形成自己的风格,在设计以及创意上应当有独到之处,和其他网站比较要有鲜明的特点。在网络的推广上,企业和网站双方应共同尽力。在深化信息的服务方面多下功夫,有效应用信息分类、媒体监测、市场调研等服务内容,把信息资讯和广告整合成多套计划打包提供给消费者。完美网站的服务系统还要注重有效互动,可以与一些著名网站的汽车频道和专业的汽车网站进行广告互换,网站间互通友谊链接,紧密、密切合作,资源共享,与汽车产业协会、行业协会等多家机构强强结合、共同发展,与报纸、电视、电台等主流媒体形成战略合作伙伴关系,这样不但可以提高自身的服务质量,而且由于这种互动目标性强而又行之有效,还可以节约了大量营销成本。

网站要有一支精英营销队伍进行维护。在如今的关系营销环境中,营销职员要成为解决客户标题和与客户树立良好关系的高手,能及时了解客户需求并准确向公司反映,不断更新信息,全方位满足客户需求。客户关系营销可以使公司通过有效地使用个人账户信息,从而与每位有价值的客户树立关系,进而提供优质的实时客户服务。一支精英队伍不但是一支专业的队伍,而且是一支有深挚企业文化的队伍,这支队伍代表着企业的形象和信用,是经销商和客户直接沟通的桥梁。这支队伍的素质,将决定汽车营销的成败。

在站点上发布网站的形象广告,可以提高网站的名声和信用度。此外,要应用好传统媒体资源。不同的媒体有不同的特点及功效,网站要打出自己的品牌,还应当充足利用传统媒体的优势。电视是视听综合的媒体,不但可以在屏幕上完全地显示出网站的网址,而且还能用声音播出网址,从多种感官对客户的记忆进行强化。同时,电视这一媒体具有受众面广、等特色,本土网站可以应用本地域的电视频道做网站品牌广告。另外,还可以有效利用会展。近年来,车展成为各大城市争相举行的大型会展流动,它是一种低成本、针对性极强的促销手段。汽车营销网站应充分利用车展的丰富内容形成网络和展会的互动,对一些经销商进行现场采访,同时应在展会期间做好直播,进而打造品牌知名度和影响力。

参考文献

[1] 丁兴良,王平辉. 沟通技巧:汽车销售人员业绩提升第一步[M]. 北京:机械工业出版社,2017.
[2] 王珺. 汽车构造[M]. 3 版. 北京:电子工业出版社,2017.
[3] 刘亚杰. 汽车销售实务[M]. 2 版. 北京:清华大学出版社,2017.
[4] 孙杰. 汽车销售实务[M]. 2 版. 北京:机械工业出版社,2016.
[5] 何宝文. 汽车销售实务[M]. 重庆:重庆大学出版社,2018.
[6] 邓璘. 二手车鉴定评估与交易[M]. 北京:机械工业出版社,2016.
[7] 田春霞. 二手车鉴定评估与交易[M]. 北京:机械工业出版社,2017.
[8] 张晓华. 汽车信贷与保险[M]. 北京:机械工业出版社,2017.
[9] 宋丹. 汽车售后服务与客户关系管理[M]. 长沙:中南大学出版社,2017.
[10] 王海鉴. 汽车销售实训教程[M]. 北京:经济管理出版社,2016.
[11] 冯英健. 网络营销基础与实践[M]. 北京:清华大学出版社,2016.

人民交通出版社汽车类高职教材部分书目

书　号	书　名	作　者	定价（元）	出版时间	课 件
一、全国交通运输职业教育高职汽车运用与维修技术专业规划教材					
978-7-114-15615-1	汽车专业英语	苏庆列	29.00	2019.08	有
978-7-114-15508-6	机械识图	侯涛	35.00	2019.08	有
978-7-114-15766-0	汽车机械基础	孙旭	30.00	2019.11	有
978-7-114-15700-4	汽车电工电子基础	刘美灵	29.00	2019.11	有
978-7-114-15601-4	发动机原理与汽车理论	姚文俊	32.00	2019.08	有
978-7-114-15562-8	汽车运行材料	蒋晓琴	24.00	2019.08	有
978-7-114-15497-3	汽车发动机构造与检修	王雷	49.00	2019.08	有
978-7-114-15688-5	汽车底盘构造与检修	马才伏	30.00	2019.11	有
CHI040892	汽车电气设备构造与检修	李建明	估 30	2019.12	有
CHI040893	汽车性能与检测技术	杨柳青	估 20	2019.12	有
978-7-114-15699-1	汽车维修业务接待	邢茜	30.00	2019.09	有
978-7-114-15794-3	汽车车载网络技术	黄鹏	30.00	2019.11	有
978-7-114-15759-2	新能源汽车概论	周志国	20.00	2019.11	有
978-7-114-15677-9	汽车营销技术	莫舒玥	30.00	2019.11	有
978-7-114-15567-3	汽车鉴定与评估	王俊喜	29.00	2019.09	有
978-7-114-15697-7	机动车辆保险与理赔	韩风	29.00	2019.09	有
978-7-114-15744-8	汽车美容与装饰	彭钊	34.00	2019.11	有
978-7-114-15737-0	汽车配件管理	夏志华	20.00	2019.11	有
978-7-114-15781-3	礼仪与沟通	孔春花	20.00	2019.11	有
二、全国交通运输职业教育教学指导委员会规划教材　新能源汽车运用与维修专业					
978-7-114-14405-9	新能源汽车储能装置与管理系统	钱锦武	23.00	2018.02	有
978-7-114-14402-8	新能源汽车高压安全及防护	官海兵	19.00	2018.02	有
978-7-114-14499-8	新能源汽车电子电力辅助系统	李丕毅	15.00	2018.03	有
978-7-114-14490-5	新能源汽车驱动电机与控制技术	张利、缑庆伟	28.00	2019.05	有
978-7-114-14465-3	新能源汽车维护与检测诊断	夏令伟	28.00	2018.03	有
978-7-114-14442-4	纯电动汽车结构与检修	侯涛	30.00	2018.03	有
978-7-114-14487-5	混合动力汽车结构与检修	朱学军	26.00	2018.03	有
三、高职汽车检测与维修技术专业立体化教材					
978-7-114-14826-2	汽车文化	贾东明、梅丽鸽	39.00	2019.07	有
978-7-114-15531-4	汽车电工电子技术	刘映霞、王强	32.00	2019.07	有
978-7-114-15542-0	汽车机械制图	陈秀华、易波	29.00	2019.07	有
978-7-114-15609-0	汽车机械基础	杜婉芳	29.00	2019.07	有
978-7-114-14765-4	汽车发动机故障诊断与修复	赵宏、刘新宇	45.00	2018.07	有
978-7-114-14792-0	汽车底盘故障诊断与修复	侯红宾、缑庆伟	43.00	2019.09	有
978-7-114-14731-9	汽车电气故障诊断与修复	张光磊、周羽皓	45.00	2018.07	有
978-7-114-13155-4	汽车维护技术	蔺宏良、黄晓鹏	33.00	2018.05	有
978-7-114-14808-8	汽车检测技术	李军、黄志永	29.00	2018.07	有
978-7-114-13154-7	汽车保险与理赔	吴冬梅	32.00	2019.07	有
978-7-114-14744-9	汽车维修服务实务	杨朝、李洪亮	22.00	2018.07	有
978-7-114-14777-7	旧机动车鉴定与评估	吴丹、吴飞	33.00	2018.07	有